启真馆 出品

别客气
请随意
使用科学

The Best of Annals
of Improbable Research

搞笑诺贝尔奖
那些事 No.2

[美] 马克·亚伯拉罕斯
（Marc Abrahams） 著

徐俊培 译

果壳 校订

The scientific ∞
method

ZHEJIANG UNIVERSITY PRESS
浙江大学出版社

contents
目录

contents

目录

contents
目录

chapter 9
教育、科学及其他

chapter 8
数学与模型（模特）

chapter10
不可抑制的探索精神

献辞

亚历山大·科恩（Alexander Kohn）在《不大可能的研究年报》第 1 期面世前数周不幸逝世。他充满好奇，常识丰富，几乎是世界上最为友善又有趣的人了；而且，他对胡言乱语、废话连篇、自欺欺人之事也绝不姑息，无畏又有洞见。亚历克斯的正职是特拉维夫医学院荣誉退休病毒学教授，不过到了晚上他就是位科学史学者 [其著作《捏造的预言》（*False Prophets*）精彩剖析了科学欺诈的历史，另一本著作《不走运就失败》（*Fortune or Failure*）探讨了意外发现的科研功能]。晚上他常常化身放射科医生孟塔耳（Perry Mental）[他和利普金（Harry Lipkin）还共享这个身份]，他创作了一些最有趣最有文采的评论和诙谐的仿写诗，有时也有些讽刺作品。各地的人们都热爱他、钦佩他。凡是读过他作品的人，尤其是有幸亲见他的人，无不深切怀念他。

谨以本书献给亚历克斯，也献给我的双亲和我的姐姐简，以及我奇特的、自由自在的侄女凯特和外甥杰西。

特别致谢

　　这本杂志得到了许多非凡之士的帮助，以下会提到其中一些，不过我先挑出一些格外特别的人，他们居功至伟，值得奉上大块巧克力。亚伯拉罕斯（Sid Abrahams）、奥根（Stanley Eigen）、迪翁（Mark Dionne）、西伯斯泰因（Sip Siperstein）、索雷尔（Nicki Sorel）、莱特文（Jerry Lettvin）、罗斯（Bob Rosc）、戈林（Amy Gorin）、赫施巴赫（Dudley Herschbach）、利普斯科姆（Bill Lipscomb）、罗伯茨（Rich Roberts）、格拉肖（Shelly Glashow）、史密斯 [Bob（Smitty）Smith]、克鲁泽 [Deb（Symmetra）Krenze]、扎哈济夫（Howand Zaharoff）、霍普金（Karen Hopkin）、L. 鲍姆和 S. 鲍姆（Lynn and Steve Baum）、芬戈尔德（Len Finegold）、马隆（Lois Malone）、布鲁姆（Miriam Bloom）、斯托尔（Jim Stoll）、马奥尼（Jim Mahoney）、特沃斯基（Brenda Twersky）、纳蒂斯（Steve Nadis）、乔丹（Jo Rita Jordan）、沙里洛（Roland Sharrillo）、康纳（Jon Connor）、斯莫（Chris Small）、洛托（Jerry Lotto）、谢尔比列（Ariane Cherbuliez）、德莱福斯（Gary Dryfoos）、琳（Joe Wrinn）以及多产又神秘莫测的一对：德鲁（Stephen Drew）和卡斯威尔（Alice Shirrell Kaswell），他们都多次千方百计、不遗余力地创造奇迹以防灾难发生。如果你什么时候发现自己陷入困境或需要什么金点子，可以随便选择其中一位，并无所不用其极地去寻求他们的帮助。

好的代理人和好的编辑都是稀有生物，必须珍视。我的代理人内策尔（Regula Noetzle）表现卓绝，足以信赖。W.H.弗里曼公司的编辑霍德（Holly Hodder）不断给我好意见，提出了清晰、准确而实际的批评和恰到好处的鼓励。还要感谢弗里曼公司为完成本书而努力工作的其他人士：阿尔（Kate Ahr）、布鲁姆（Diana Blume）、法拉斯（Patrick Farace）、罗洛夫（Paul Rohloff）、塞勒斯（Sheridan Sellers）和魏因（Susan Wein）。

对把我引向不可再现和不可思议之路的马丁·加德纳（Martin Gardner）先生：

$$\sum_{i=1}^{\infty} i \quad 谢谢$$

chapter 1

《不大可能的研究年报》的不可思议历程

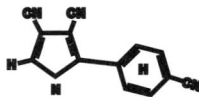

《不大可能的研究年报》简称 *AIR*，它含义丰富。首先，这是一本科学幽默杂志。一听到这个，你可能就会把它丢一边去了，因为可能：

　　a）你不喜欢科学，不想了解这本书；或者

　　b）你热爱科学，确信科学十分重要，没有什么可笑之处。

　　无论哪种情况，你可能是对的。不过我觉得也不一定。

　　你不喜欢科学？我敢说，你肯定不知道，对那些献身科学的人来说，科学多么有人情味，多么古怪又迷人，乐趣无限。当然，科学家、医生和科学教师都是人，他们也不是超人的天才。反正大多数不是。你不想了解这本书吗？你肯定想的，别让讨厌的初中数理化老师把你吓倒了。科学并不是背诵乏味的词句和无用的事实，科学是提出问题——越"笨"越简单越好——还要持续顽固地寻找合理答案。

　　科学沉重得让你笑不出来？哈，科学可是很有人情味，又好玩、又重要，由不得你不笑。一位《不大可能的研究年报》编委会成员曾与一贯严肃认真的杰出天文学家卡尔·萨根（Carl Sagan）联系，希望他能加入我们这一小撮搞笑者的行列。后来我听说，萨根尖刻地回答说我们所做的是"危险的，因为会引起对科学家的嘲笑"。我认为萨根误会了，我们所做的是让人们像嘲笑疯狂的宇宙和自己一样，跟科学家一起开怀大笑。要说更有说服力地表达这个意思，就属原载英国科学杂志《化学和工业》（*Chemistry & Industry*）上的精彩评论《我们很开心》，文中提到英国政府首席科学顾问梅（Robert

May）爵士，也曾对我们的活动表示过不悦。

不只是给科学家读的

《不大可能的研究年报》还是本幽默杂志，不只是科学幽默而已。科学家常常告诉我们，这是他们订的杂志里唯一一本家人和朋友也读的。我敢说，跟《胃肠病学能动性研究》（*Gastroenterology Motility Studies*）、《IEEE电介质和电气绝缘学报》（*IEEE Transactions on Dielectrics and Electrical Insulation*）或《粉体技术》（*Power Technology*）等杂志比较，我们这本不但便宜，还活泼、涉面广泛、更好玩。

AIR覆盖到了你能想得到的每一个领域，不过我们的讨论角度

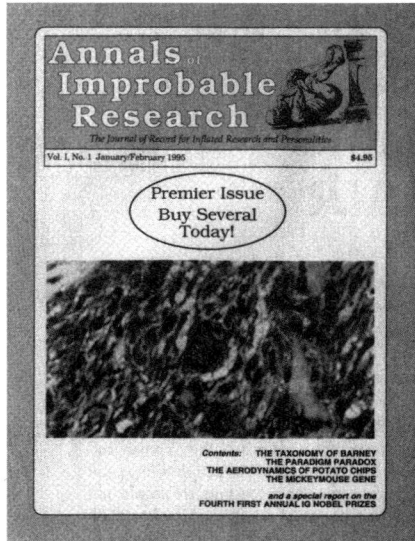

《不大可能的研究年报》1卷1期（1995年1月／2月号）。这是创刊号。

则是前所未见的。我们的读者和作者来自三教九流——科学家、医生、工程师、技师、新闻记者、图书馆管理员、律师、电影制作者、大中学校学生、英语老师、瑞典语老师、希伯来语老师、德语老师、汉语老师（看到了吧，这么多老师啊），还有足球和橄榄球运动员、棒球运动员、花样游泳运动员（不过他们就不一定动作统一地读这本杂志了）、艺术家、水暖工、屋面工、部长、犹太教教士、神职人员、修女及拍卖商……

在学校也能思考

信不信由你，*AIR* 还是一种教学工具，而且不仅合适大学和研究生程度，初高中老师也喜欢复印 *AIR* 上的文章，直接发给学生，而且不置一词。不出 3 分钟就会有学生尖叫起来："哎哟，拜托，这是什么东西啊？"这时就会出现厉害的老师高兴而不厉害的教师头疼的局面：这一天或一星期里剩下的时间，学生们会提出各种各样的问题，求知欲爆发。请参考阅读本书后面的"教师指南"的相关处理方法，以及再后面的一位得意的家长的来信，他描述了"拖车虫的博物学"一文对 14 岁孩子的惊人影响。

AIR 不光有进行科班教育的严肃目的，还用不无善意的夸张，吸引人们养成思考的习惯，思考电视、杂志和报纸报道以及政客告诉他们的东西。哪怕是最受推崇的报纸和电视报道，也不管和科学有没有关系，都和你在 *AIR* 中所见的内容一样，可以荒诞无边，也可以靠谱得很。一切来自官方的看法，在接受之前都得三思。

毫无疑问，比小说还离奇

自豪地说，*AIR* 记录了世界上最丰富最让人陶醉的活动。一般来说，每期大约一半的内容是从当今出版的 10000 种以上"严肃的"学术期刊中选出来，都是真实的。读者们视我们为他们最喜欢的研究报告交流中心，并源源不断地给我们发来图片、传真和电子邮件。我们会标明哪一篇是真实的（见目录表），并提供详细信息供你去图书馆检索原件。每期杂志都将这种材料分成若干专栏（"研究评论"、"医学评论"、"法律评论"等）。其中某些精品见本书"向您推荐"及"孩子总是孩子嘛"等小节。

那这本杂志跟其他科学杂志比起来怎么样呢？一位名叫索南瑟尔（Avraham Sonenthal）的读者在来信中回答了这个问题：

> 你们把 *AIR* 描述为"登载夸张的研究和人物的杂志……"，你们并不孤单，目前世界上所有的科学杂志基本上都这样。

确实确实，但我要强调十分重要的一点。一项研究既可以是（a）有趣的，又可以是（b）好的科学。而且还可能是（c）重要的。但是，也可能只是（a）有趣的。

这里，那里，到处可见

《不大可能的研究年报》每年出 6 期，向许多国家的读者发行。互联网上也能找到我们的醒目身影。我们还有免费的每月简报《迷你 *AIR*》，里面载满了因太小或时效性太强而难以列入杂志的精品。发电邮给我们（info@improb.com），或浏览我们的网站"HOTAIR"

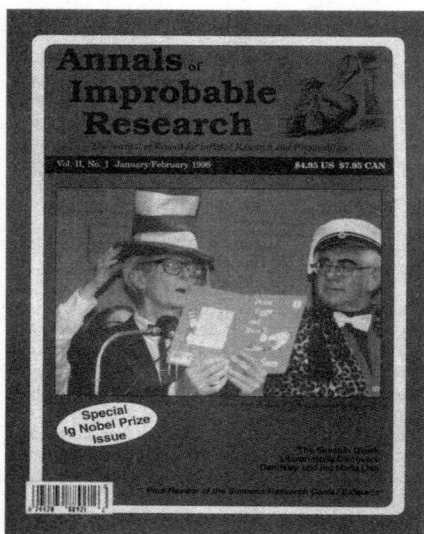

《不大可能的研究年报》2卷1期（1996年1月／2月号）是第五届搞笑诺贝尔奖颁奖典礼特刊。封面上是吟诵诗歌"DNA和半生不熟的火腿蛋"的五位诺贝尔奖得主中的两位。

（http：//www.improb.com），获取详细信息。你也可以写信到：AIR，P.O.Box 380853，Cambridge，MA，USA。我们还不时在广播和电视上露面 [特别是在大家都见周公的时候播的 ABC（美国广播公司）新闻频道的"世界新闻"]。时不时地，在一些出人意料的演讲和展示不可思议的研究和搞笑诺贝尔奖的场合，你也能看到我们。美国科学促进会，出于某些原因，在年会上专门让我们举办了不可思议研究专题讨论会。

搞笑，搞笑，搞笑诺贝尔奖

另外，搞笑诺贝尔奖也产生了。1991 年，在不少朋友和同事的帮助下，我发起举办了向取得"不可或不应再现"的研究成果的人颁奖的小规模典礼。我们颁发了 10 个奖项。实际上，奖是由 4 个戴着小丑眼镜的真正诺贝尔奖（而不是搞笑诺贝尔奖）得主颁发的。自此以后，这一小规模的典礼成为年年客满的活动，在哈佛大学最大的会堂举行，有 1200 位庄重的怪僻人士出席，并通过美国公共广播电台的"周五聊国事 / 科学"（*Talk of the Nation/Science Friday*）、C-SPAN 网和互联网播放。去年，有一位获奖者莫伊（Harold Moi，医学报告《通过一个充气美女而造成的淋病传播》的合著者）医生从他的家乡挪威奥斯陆自费乘飞机来剑桥接受搞笑诺贝尔公共卫生奖（另四名获奖者，或亲自或由代表领奖）。在桑德斯剧场的舞台的座位上，莫伊医生满意地观赏了世界上首场也是唯一一场"哀悼特拉华蟑螂"，这是一出专为次女高音歌唱家和诺贝尔奖得主而表演的小歌剧。第七届搞笑诺贝尔奖颁奖典礼于 1997 年 10 月举行。我希望今后人们会睁大眼睛注视这些实至名归的搞笑诺贝尔奖得主们。请把你的提名寄给我们。

我们奇妙的"不可再现的"历史

不管是哪方面，我们都好奇，而且我们还历史悠久。

1955 年，职业病毒学家亚历山大·科恩编造了名为"玻璃制品失效动力学"（Kinetics of Inactivation of Glassware）的研究论文。该论文描述了让烧杯、试管这类玻璃制品从实验室里消失的各种方法。亚历克斯在这篇报告的顶端写下了"不可再现成果杂志"（*Journal of Irreproducible Results*，下简称 *JIR*）第 2 卷第 1 期的标号。不久，他与物理学家哈里·利普金（Harry Lipkin）合作，以以色列为基地编辑出版这本杂志多年。杂志逐渐成长和兴旺了起来，一直到处理订阅的工作（人们还真想花钱买这本杂志！）使亚历克斯和哈里实难分身。最后，他们从外面找了一个人来处理订阅工作，这样就可以脱身出来负责杂志的内容。这种安排最终产生了一些问题，我就不再赘述，但你要能请喝啤酒的话，哈里会很乐于给你讲讲这些事。哈里准备了 *JIR* 的简史，见后。

许多年过去了，*JIR* 跟当年辉煌岁月相比逊色不少。1990 年，我迈进这个领域。

多年来我一直在写各种东西，把它们偷偷塞给宽容的朋友们，但从没有真想发表。我一直把时间花在软件、研制克兹维尔盲人阅读机等事情上，后来又开办了"智能仿真器"公司，模拟各种职业的复杂经验。后来，我把一些文章寄给马丁·加德纳，他在《科学美国人》上写了很多充满智慧、风趣的数学 / 科学 / 文学方面的专栏，直到 20 世纪 80 年代初抱憾退休，我一直都景仰他。要是你从没看过他的专栏，我强烈建议你怎么都得去书店找本来看看。

马丁善意地鼓励我找到名为《不可再现成果杂志》的地址，他偶尔为该杂志写点文章，但他认为这本杂志可能已停办。但他说，不妨试试，因为没有其他地方可以发表科学幽默文章了。

于是，我去图书馆找出 *JIR* 的地址，寄去一包我的文章。我还给《纽约客》"小说编辑"寄了包同样的文章，把这当成一个实验。《纽约客》小说编辑回信说我搞错了，说我应该把文章重投"非虚构编辑"。同时，我接到 *JIR* 发行人的电话。他问我愿不愿意当这本杂志的编辑。几天以后，在亲眼看到一本杂志后，我就当上了它的编辑。

我做的第一件事就是写信给亚历克斯·科恩，他很高兴又有人准备复兴这本杂志了。亚历克斯主要通过平邮，后来通过电邮，偶尔通过电话，成为我的导师。1991 年秋，我们俩花了大半个星期时间，参加了伍治霍尔的会议，有些内容让我豁然开朗。利普金也重新顺利地开展了工作，在两个创办人和其余所有我能说动的人的帮助下，*JIR* 开始迅速发展起来。我着手对诺贝尔奖得主的一系列采访，发觉其中一些人是顶级的幽默人物，并热切地希望成为我们这个迅速壮大的集体中的一员。1991 年，在许多奇妙和奇形怪状人士的帮助下，我发起举办了搞笑诺贝尔奖颁奖典礼，它几乎立即以"搞笑"（The Ig）名扬于世。

从"不可再现"到"不可思议"

不可思议又出人意料的是，由于出版公司管理上的混乱，杂志

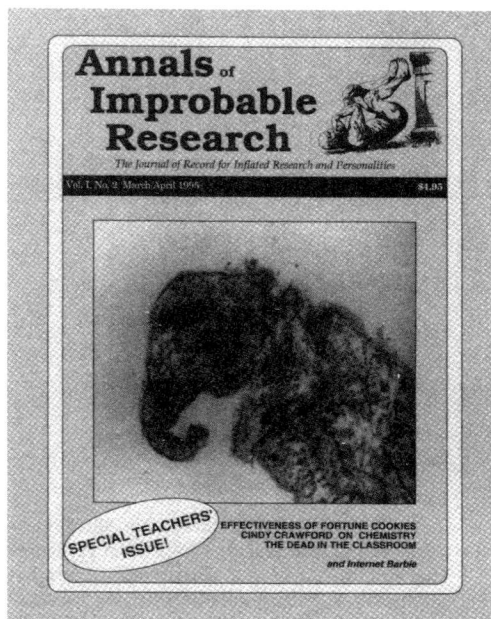

《不大可能的研究年报》1卷2期（1995年3月/4月号）为教师专刊。本期还为新奇世界引进了网络芭比。

简直没有办下去的可能了。若干年以来，我们"不可再现群"试图改变他们的想法，甚至试图收购 *JIR*，自理发行。然而，一切已成定局，我没有办法挽救这本亚历克斯、哈里和我以及其余工作 40 年的全体编辑人员付诸心血的杂志了。

1994 年初，我们就离开了 *JIR*，一切重新开始。《不大可能的研究年报》诞生了。科恩想出了这个新名字，就像以前想老名字一样。

没有资金来源，甚至没有老杂志的订阅名单，我们开始以朴素的方式在网上活动。几年前，我就开始写快讯并通过电邮发送。1994 年我开始写新的简讯《迷你 *AIR*》。《迷你 *AIR*》通过各种渠道在读者人数和影响方面都迅速增长和扩大。最后我们刊登了通告：《不大可能的研究年报》即将出版发行，接受订阅。许多人从各地寄来了支票，不少人还寄来了出色的文章。1995 年 1 月，《不大可能的研究年报》创刊号就问世了。

一直关心我们"不可再现"——不，"不大可能"——进程的人们，都了解我们其他的不同寻常的经历，后面会不时谈到。

说明

本书的大部分文章都首发于《不大可能的研究年报》或《迷你 *AIR*》。其中少数文章是在《不大可能的研究年报》问世前发表的。大部分文章都注有发表日期。

从"不可再现"到"不大可能"

——《不可再现成果》杂志的早期历史

哈里·利普金

以色列雷霍沃特魏茨曼科学学院粒子物理系

20世纪50年代初,那时亚历山大·(莱谢克)科恩[Alexander(Leshek)Kohn]和我,哈里·利普金[H.J.(Zvi)Lipkin]都喜欢写幽默的科学文章。

1955年4月1日,莱谢克排好了一期冒牌的《不可再现成果杂志》(简称 *JIR*)杂志第2卷,编辑是匿名的,封面上有第1卷(其实并不存在)发表的论文目录。这份冒牌杂志得到的反响让莱谢克十分满意,他决定公开露面并创办一份真正的科学幽默杂志。他是一位生物学家,需要一位物理学方面的合作者一起开始干,然后一位共同的朋友介绍我们认识了。

1956年7月我们公开出的第3卷第1期的文章都是我们俩用各种笔名写的。我们在"编者的话"中声明:"鉴于第2卷的出版……引起了国内外学者和非主流圈的广泛关注,编委会决定露面,公开出版第3卷,并决定对东西方所有可能的撰稿人敞开大门。"

接下来的两期,依次标记为1957年1月,第4卷,以及1957

年4月，第3卷第2期，就开始有其他人的稿件了。从此杂志就发展起来了。

头几期是由莱谢克的生物研究所的秘书打印在油印蜡纸上，用滚筒油印机复印的。改善出版的第二步，是使用了魏茨曼学院的简易影印机。

首次正式出版和拥有版权的《不可再现成果杂志》见于《1957年雷霍沃特核结构会议录》，其中有个名为"不可再现成果"的研讨会，内容包括我的一些幽默文章[1]和 JIR 的广告。1957年这次重要的国际核物理学会议，包含了宇称不守恒后续发展的首批报告。因此会议记录资料丰富，还把"不可再现成果"和 JIR 的信息传播到了全世界的核物理研究院所和图书馆，现在在这些地方还能找到这本满是笑料的资料呢。

JIR 在1956—1958年流行起来，读者越来越多。1958—1959学年，莱谢克和我都在美国休假，第7卷 JIR 出版，还注明了是出自

哈里·利普金

我们的美国临时办公室。第 8 卷仍回以色列出版。这一次，莱谢克和我虚构了一个"不可再现基础研究学会"（SBIR），莱谢克任主席，我任秘书，我还有个笔名叫门塔尔（X. Peary Mental）。我还一直保存着这个并不存在的不可再现学会的正式会员证。JIR 第 9 卷开始即声明本杂志由"不可再现基础研究学会"编辑。

JIR 的一些文章被译成各种语言，并被选入科学幽默的选集；如《科学醉步》（A Random Walk）和俄文版《物理学家在开玩笑》（Physicists Are Joking）等。

JIR 的黄金时期在 12 卷后告终，当时订阅量越来越大，我们已疲于应付。莱谢克和我搞 JIR 只是业余爱好，并不想当商人。莱谢克找到了愿意处理企业管理事务和出版事宜的一位企业家，我们自己全权负责编辑工作。但这一招并不灵。我预见到了结局，也不再积极进行 JIR 的编辑工作。莱谢克曾努力争取编辑的控制权，最后还是放弃了。

1990 年，JIR 在几乎失去所有订户后被出售。新的出版商请马克·亚伯拉罕斯当这本他从未见过的杂志的主编。马克立即与莱谢克和编委会联系。莱谢克成为马克的顾问，JIR 也艰难地坚持到了 1994 年，彼时新出版商和原来的企业家都到了无米为炊的地步。

莱谢克去世前不久，希望和马克一起承继 JIR 的精神，创办一本新杂志。在我看来，马克后来继续编辑和出版的《不大可能的研究年报》即（AIR），正是 JIR 当之无愧的后继者。

注释

[1] Harry J. Lipkin，in *Proceedings of the 1957 Rehovot Conference on Nuclear Structure*，edited by H. J. Lipkin, North-Holland Publishing Company, Amsterdam，1958，p.391.

玻璃制品失效动力学

亚历山大·科恩

本文是亚历克斯·科恩写于 1955 年的突破性奠基之作，并作为亚历克斯和哈里·利普金一起编辑的《不可再现成果杂志》的整个第 1 期的内容（当然了，这期被标注为"第 2 卷第 1 期"，文中会提到根本不存在的第 1 卷中的文章）。39 年以后，亚历克斯和我，在哈里和其他一大帮人的参与下共同创办了《不大可能的研究年报》。1994 年底，亚历克斯在把第 1 期杂志邮寄给订户前的数周逝世。本文经嘉娜·科恩（Chana Kohn）同意刊印。

. . . .

引言

从腓尼基时代开始，人们就知道玻璃制品的某些特性了，如高度易碎。尽管该物质的其他特性 [1,2] 也为人所知，如生产方法 [3,4] 使用方法 [5,6] 等，但其易碎性却很少被提及。历史上的著名人物摔杯子 [7] 或掷杯为号 [8] 的例子不胜枚举，有大量文献资料记载，本文不再赘述。

对实验室里利用和保存玻璃制品的情况调查表明，这一问题需要重新审视和更系统的研究。这就是本文的主题。

材料和方法

玻璃制品

我们知道玻璃制品是由各种比例的 CaO、Na_2SiO_3、Al_2O_3、ZnO 组成，也包括其他金属氧化物。[9, 10] 本文主要研究玻璃的物理性质，不涉及其化学类别。本研究课题中，玻璃制品所显现的形态尤为重要。我们使用了下列成品：培养皿、试管、移液管、锥形瓶、各种容积和形状的烧瓶、烧杯，以及蒸馏烧瓶和冷凝器、导管、温度计、注射器等结构特殊的装置。我们还按原料分类：中性玻璃，钠玻璃和硼酸耐热玻璃。这种区分在特定环境下十分重要，譬如，不考虑种类而想用氧焰焊接两种不同的玻璃，后果会很严重。

尤其是在直接接触火焰时，所用的玻璃类型至关重要，必须要弄清楚。

半衰期

玻璃制品的消失速度，可以借用核物质的半衰期来定义：某类玻璃制品可使用的数目减半所需的时间。在进行本研究以前，玻璃制品的平均半衰期通常被认为是 5 到 10 周。

失效方法

失效方法可大致定义如下：

A. 机械失效法。又分如下几种：

1. 冲击失效
2. 振动
3. 应力和压力
4. 重力失效

最后一种方法最常用，可在正常重力场和离心场两种情况下使用。

B. 热失效法，有四类：

1. 用氧焰或氢焰直接作用
2. 用本生灯加热时，不管有无使用石棉网
3. 高压灭菌锅
4. 高温灭菌用烤箱

C. 化学失效法不太重要。但应该提到的是应用 KOH 或 NaOH 浓溶液或氢氟酸。

D. 蓄意破坏

最后有一种上面没列出的方法，是 ABC 三种方法的组合，即热化学——爆破法，这种通常都是发生了意外。

结果和讨论

玻璃制品失效的研究表明，各种方法中最有效、最常用的为热失效法和机械失效法，而后一类失效法由重力造成。

只要有意无意地把玻璃制品悬挂在空中，最好是在混凝土地面或木头桌子桌面的上方，然后从下面或上面把所有支撑撤走，就能达到正常的重力失效。也有报道说，把端着装满玻璃制品托盘的人

绊倒，可获得非凡的听觉效应和"咒骂"效应。最近对满是生物染料[11]或装着铬酸洗液的瓶瓶罐罐，用简单的重力法也获得了飞溅效应。

离心机中增大的重力场，有助于离心管和离心瓶的快速失效。但为了获得所希望的效应，应严格遵守两个条件。

一是仔细调整两只位置相对的离心管中的物质，破坏离心机的配平，这样，振动和重力的共同作用就决定了试管的命运——大多数情况是决定了正在离心机里提纯物质的试管的命运。据几个实验室报告，亲手酿成此种效果的负责的技术人员，把含玻璃碎屑的泥浆过滤了，竟然还成功回收了那些用离心机提纯的物质。

另一个条件，是在杯中放一根试管，长度略长于离心机里的试管位。不过这个仅适用于水平离心机，不适用锥底离心机。

应力和压力法分别在烧瓶、烧杯和注射器小节单独讨论。

罗藤（Rotem）[12]证明，把1~2升的蒸馏烧瓶抽空到约1毫米汞柱压力，就能导致内爆。这是纯压力效应。

热失效

本方法有上面说到的很多种，下面会分别叙述这些方法的效果。

有一种非常罕见的方法，最近由芬德里克（Fendrich）和尼尔发明，这个方法还没公开发表展示过，这里会有详细说明。

首先，把大约50支16×180毫米的硼酸耐热试管洗净、干燥；试管口用锡纸封好，然后把试管水平排放在一个巨大的硼酸耐热玻璃方盘中，然后统统放入烘箱，把温度调至300℃。把调温器稍微调一调，让试管在烘箱中过夜。第二天早晨打开烘箱，就会发现非常漂亮地熔为一体的玻璃块。这时温度已升至800℃。

至于压热失效，是几名工人发现的，用一般培养细菌的扁瓶效

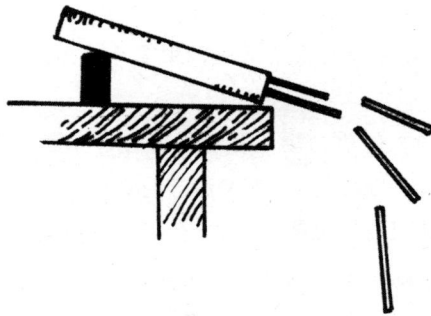

图1　移液管的重力失效法。

果就不错。把 10 只瓶子放到蒸锅高压消毒，拿出来的时候会有 1~3 只破掉甚至四分五裂。

基于机械应力和热相互作用的烧瓶破坏方法，是赫特曼（Hertrian）在我们实验室里试验出来的。[13]

他在室温下把烧瓶装满水，用螺口盖盖紧，放入冰箱的冷冻室，放置时间不等。取出时烧瓶罕有不碎成片的。这个实验简洁地演示了水在 0℃左右的膨胀。

热化学爆破法是 1955 年首次引进我院的。[14] 把丙酮里的西尼罗河抗原悬浮液放入搅拌器的玻璃碗中，按下启动开关。火花会使混台物和玻璃碗都爆炸，据报道，火舌一直蔓延到墙上和桌上，甚至蹿到一个工作人员的眉毛上。

米勒（Sh.Miller）[15] 不满足于启动热化学反应这种简单方法，把丙酮溶液在电热板上真空蒸馏，结果蒸馏烧瓶内爆以后，他在医院待了很长时间。

移液管

移液管大多可用重力法失效。为了引起重力破碎，得把铝筒中的移液管放在桌面上，与桌面成大于 20° 的角（图1），圆筒口朝向桌沿。这能使移液管加速运动，然后在地板上达到其最低能量位置。[16] 在地板上发现的移液管还比原来在铝筒里的移液管要多得多。

把移液管放入消毒筒中不大会造成失效，但塞尔达（Zelda）[17] 等人把移液管迅速从圆筒中移到洗涤盆的大规模方怯，效果惊人。

凯尔纳（Kellner）[18] 曾有用可见光对紫外线辐射过的微生物进行光敏化的报告，类似的原理也用来使移液管失效。仅当移液管的裂口在底部且不超过总长 10％ 的情况下，这种方法好用。首先用金刚石玻璃割刀把裂口端割掉，用氧焰让它重生。如果裂口端在无刻度这一头时，再生的产品简直完好如新。曾有人费力地想让刻度端受损的移液管重生，这就需要把玻璃拉长，最终效果就像是金伯尔（Kimball）玻璃器皿的突变体。这种再生的移液管的精度可就堪虞了。

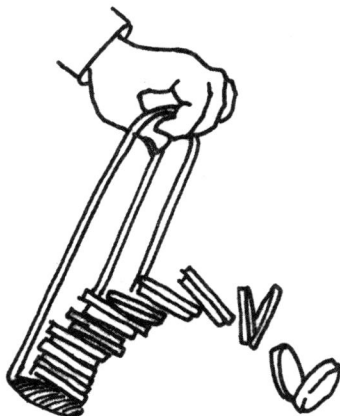

图2　拿住培养皿。

培养皿

培养皿的失效速度，大概是所有类型中最高的。原因在于把培养皿上不同类型的琼脂培养基等一切残余物质洗净的速度。实验室里的培养皿使用率很高，对清洁人员的工作熟练程度要求也就很高，在这种压力下，洗涤的速度和操作人员的手指打滑的程度与日俱增，最后你能在垃圾箱中能找到大量培养皿的碎片。

在存放培养皿的铜箱盖子被粘住的情况下，通常能采用另一种摧毁培养皿的方法：猛掀盖子，箱子就突然山门大开，培养皿会飞洒出来，安息于地面（图2）。

蒸馏烧瓶和烧杯

这类玻璃制品是在热过程中连续失效的。最常见的方法之一，是把装有琼脂培养基的烧瓶放在明火上加热，让培养基停留时间比融化所需时间多上2分钟（或请其他人看守烧瓶）。在融化过程中的某一刻，过量气体会形成泡沫剧烈上升，冲出来推动它前面的塞子。在此关键时刻，看管者通常徒手紧抓住烧瓶瓶颈，于是在有机会安全抵达桌面以前，烧瓶只能悬在空中，于是重力会很有优势，结果即如上述。在某些情况下，把灼热的烧瓶浸入冷水也可达到目的，瓶颈留在实验者的手里，其余部分最后冷却了。尽管拿烧杯与握烧瓶的方法略有不同，但最终结果还是一样。

最近我们在温度低的房间里发现了一只蒸馏烧瓶紧紧粘在大理石桌面上。企图用任何化学方法和加热法来把这两者分开都是徒劳，最后不得不牺牲烧瓶，把它一片一片清除掉。

还得提一下，有一种使玻璃制品失效的奇特的副作用：当试图用玻璃棒把玻璃容器底部的有机物残渣除掉时，总是会在容器底部凿出一个孔。也即，玻璃＋玻璃＝没玻璃＝孔。

注射器

众所周知，注射器由筒体和柱塞组成。本研究所用的路厄注射器的两部分均由玻璃制成，因此至少不会遇到标示注射器常见的失效情况，后者用烘箱消毒时常造成金属和玻璃部件脱胶。十分遗憾的是，筒体和柱塞的结合是如此独一无二，只要其中有一个破碎，另一个就再也不能用了。

下列两种操作会造成注射器的破损：

a. 没有洗干净的注射器就那么放着，最后会导致100％紧密贴合，柱塞就再也不能从筒体中拔出了。

b. 用手指阻塞针尖、拔起柱塞以造成真空，然后放开柱塞造成筒体前部来检查注射器是否渗漏。这样，该筒体即可用作连接橡皮管的导管。

把注射器放在沸水中消毒时，可能几个小时都没人看管。在电加热水中，水蒸发继续冒出的热量会把注射器的焊接接缝融化。这时候你就等着负责看管的人或者是被气味吸引的人过来吧。这种情况下通常需要冷却整个装置，把冷水灌入容器，浇在注射器上。然后筒体上开裂的花纹看上去最好玩了。

特殊仪器

阿维多尔（Avi-Dor）描述了瓦尔堡压力计的极具原创性的失效方法（见私人书信）。美国生产的瓦尔堡压力计是为5英尺7英寸（约1.7米）以上的操作者设计的。我们以色列的一些身材不高的科学家，必须把接在压力计上的槽放进水浴中，从下面（而不是从上面）来观察。因视差的缘故，常会使槽轻轻撞上水浴边沿，使压力管破碎。破损通常出现在毛细管的同一部位上。阿维多尔博士认为，设计这种设备的生产商们，才不会把易碎部位设计成便宜的呢。

玻璃微珠

这种由分散的实体组成的玻璃产品，失效起来很方便。不过，具体方法与上述的所有方法都有很大区别。玻璃微珠从科学实验室消失的速度跟乙醚或丙酮等溶剂挥发的速度十分相似，不同的是，温度并不是影响其消失速度的因素。

科恩和塞尔达 [19] 曾作过一个有趣的观察。假设玻璃微珠也遵循质量守恒定律，然后他们在研究院的各个角落里寻找失踪的玻璃微珠。有个别的玻璃微珠出现在工作台下面、抽斗里，但大量玻璃微珠聚集的唯一地方是盥洗室对面的抽水马桶的弯管底部。

玻璃窗

虽然本产品不属于实验室设备，但我们把它简单地看作实验室的一部分，它既可让光线进入，又能防止雨水稀释窗台上的试剂。

格林伯格（Greenberg）和他的合作者对窗玻璃的失效作出了最大的贡献。[20] 他们曾专门研究毛玻璃。还得提到的是，他们还对窗玻璃的再生问题做了大量的工作。

本－古里安（R.Ben-Gurion）作了一些有趣的实验。[21] 为了消除覆盖着琼脂残余物的大理石窗台上浓厚的真菌菌群，她曾用本生灯加热菌群。因为玻璃窗受热不均，维修部门不得不整个换了一块。她还证明了有可能用适当的肘部施压使汽车玻璃窗失效。

动力学（kinetics）

玻璃制品失效速率可根据这个公式计算：

$$Q_T = Q_O \cdot e^{-KT}$$

式中 Q_O 为玻璃制品的最初量，Q_T 为 T 时间间隔后的玻璃制品量，K 为指数常数，随不同类型玻璃制品而变化。以周为单位进行

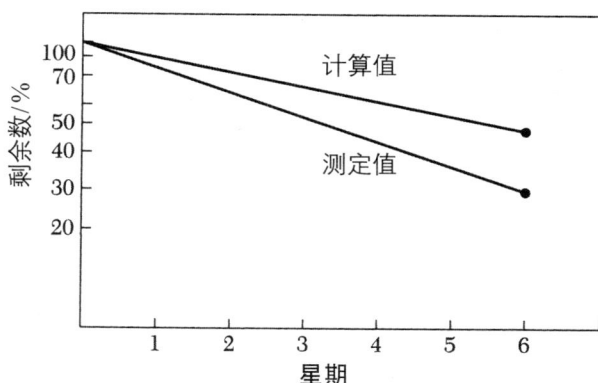

图3 培养皿的失效。

测定时，培养皿的 $K=0.06$（图3）。

但所谓的不确定性因素或神秘因素会引起误差，因此失效的计算速度往往与实验值不符（图3）。对于培养皿和培养瓶，这种偏差尤为确凿。目前还没人提出测定这一神秘参数的实验方法。

有人指出，玻璃制品的失效不是物理过程而是化学过程。与金刚石类似，玻璃的损坏可能是由于大分子间的化学键断裂。因而可以应用阿伦尼乌斯（Arrhenius）的动力学公式：

$$V = A \cdot e^{-E/RF}$$

其中 E 为活化能，A 为碰撞因子（根据本文的数据，显然本规则中 E 较低而 A 很高）。

结语

已收集到和展现出的玻璃制品失效资料表明，影响失效的因素比迄今估计的要多。我们已计算和讨论了各种参数。

致谢

感谢塞尔达和她的工作人员，如果没有她们忠诚的合作，本文就会缩减为一篇短评。

感谢雅斯基（D.Yasky）的计算，感谢研究院的主管同意发表本文，感谢他本人对写作本文提出的好主意。

注释

[1] Silverman，A，Glass，evolution：A factor in science，*J.Chem,·Educ.*，1955，32，149.

[2] Richter，E.M.A.The room of ancient glass.*Bull.Metropolitan Museum Arts*，1911.

[3] Morey.G.W，*Properies of Glass*，2nd.ed. Harcourt，Brace & Co.，N.Y.，1954，336.

[4] Pliny，*Historia Naturalis.* Johannes de Spira，Venice，1469.36，26.

[5] Mumfford，L. *Technics and Civilization.*Harcourt，Brace & Co.，1935，126.

[6] Hoverstadt.H.*Jena Glass and Its Scientific and Industrial Application.* MacMillan Co.，N.Y.，1902.

[7] Socrates and Xantippe，*Review of Antiquity.*1888，6，5.

[8] *Secret Reports on the Banquet Held in Royal Palace.*Moscow.1772.15.1.

[9] Eitel.W.，Pirani，M.，and Scheel.K，*Glasstechnische Tabellen.springer* Verlag, Berlin.1932.

[10] Neri，A，*L'arte vetraia.*Stameria de giunta，1612.

[11] Segal Z.Efficient dispersal of methylene blue from flowmeters.*J.lrreprod. Res.*1955，1，25.

[12] Rotem，Z.Prepatation of antonomous vacuum system. *J.lrreprod Res.*，1955，1，

45.

[13] Hertman.I.Supply of cold drinking water in summer.*Bull.Isr Inst.Biol. Res.*1954，August.

[14] 没有发表。

[15] Miller，Sh.Distillation of acetone in vacuo. *J.Irreprod Res.*，1955.1.2.

[16] Kohn.A，Improved method of storing sterile pipettes for use.*J.Irreprod.Res.*，1955，1，67.

[17] Zelda，Y.et al.Methods in washing and sterilizing glassware: II.Mass-accelerated transfer of pipette，from chromic-sulfuric acid to water.Unpublished results.

[18] Kellner，M.J.Bact.，1949，58，511.

[19] Kohn，A.and Zelda，Y，Report on the search for glass beads.*Bull.Isr. Inst. Biol.Res.*，1955，1026.

[20] Greenberg，Y.，Alkuser，Ch.，Goldenberg，Sh.and Wolf，I. Annual report of maintenance crews.*Bull.Isr.Inst.Biol.Res.*，1953，1001.

[21] Ben-Gurion，R.Fight against fungi.*Bull，Isr.Inst.Biol.Res.*，1953，1003.

chapter 2

诺贝尔思维

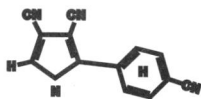

六年来，我一直在采访诺贝尔奖得主，并消耗了他们大量的时间和精力（他们有更重要的事情要做）。在访问中他们的回答里饱含着大量惊人的、激励人心的智慧。

这些获奖者往往把他们出众的才智无惧地用在了生活中。怎么对付垃圾邮件啊，是用铅笔还是用钢笔啊，如何区别傻瓜和装腔作势的人啊，该不该在马桶上读书啊——这些都是普通人试图解答但没能得出满意结果的问题。

大多数人都羞于承认自己把时间"浪费"在这种鸡毛蒜皮上，而诺贝尔奖得主却把这些问题看作是有价值的智力挑战。

这些科学家非常通达人情，更让人惊讶的是，他们还很有幽默感。其中有些人一辈子都喜欢搞恶作剧，喜欢用双关语打趣，爱表演，爱写小说。不信可以读读后面的章节，里面描述了历届搞笑诺贝尔奖颁奖典礼的情况。

不少人认为，杰出的科学家都是冷漠的、超人的理性机器，但最出乎意料的是，事实并非如此。纵览他们一生，尤其是在接受了世界闻名的最高官方荣誉后，为了鼓舞不同年龄和能力的人钟情并投身科学，他们几乎都继续鞠躬尽瘁。我们杂志的一些最受鼓舞的信件不少就出自家长和老师，他们看到自己的孩子为这些不可思议的小研究兴奋不已。

每期新的访谈录都以"诺贝尔思维：诺贝尔奖得主的睿智"为标题。内容大约有一半是我当面采访的，其余为电话采访。

詹姆斯·沃森

本文发表于1993年。

沃森（James Watson）为冷泉港实验室主任，因发现 DNA（脱氧核糖核酸）的化学结构——著名的双螺旋结构，与克里克（Francis Cick）共享 1962 年诺贝尔生理学/医学奖。我们一边快步沿着大街中央往前走，一边交谈。

在听枯燥乏味的演讲时，有什么防瞌睡的秘诀吗？
▶ 看报纸。

应付狂热崇拜者的技巧是什么？
▶ 溜之大吉。

有人向你提出荒唐问题的话，怎么办？
▶ 彬彬有礼。

对将要进入这个领域的年轻人有什么好建议吗？
▶ 选一个非热门专业。跟未成名的年轻人合作。

罗尔德·霍夫曼

本文发表于《不大可能的研究年报》1卷6期（1995年11月／12月号）。

霍夫曼（Roald Hoffmann）为康内尔大学纽曼（John A.Newman）物理学教授，因关于化学反应过程的理论而与福井谦一（Kenichi Fukai）共享1981年诺贝尔化学奖。

你怎么对付垃圾邮件？

▶ 垃圾邮件是世界上最让我高兴的邮件，因为我能立刻决定如何处理。

你一封都不看吗？

▶ 有些还是看的。

哪些看，哪些不看呢？

▶ 这个嘛，如果涉及50岁以上的性生活，我就会看。而且，我总希望有人会赞助我的研究，你也知道，有时这种信息就藏在垃圾邮件里面。

那么你没有特意避免垃圾邮件的干扰咯？

▶ 是啊，是啊，我喜欢它。跟你说吧，扔垃圾邮件是很有快感的呢。

在推掉不必要的文案工作方面，你有什么秘诀吗？

▶ 看情况，我有各种不同对策。如果有人邀我参加杂志编委会，我就建议他们为不发达国家的200家图书馆免费供刊。这招基本就能把他们吓跑了。要是有人邀我为他们的某个商业出版物写本小册子，我通常愿意合作，条件是，他们在这一年出版的每种书都得送我一本。说实在的，我喜欢提出这种不合理的协议。这样通常可以让生意人远离你。但要让美国犹太人联合会或美国癌症协会知难而退，实在不容易。我还真没想出对付的办法。

对付电话推销员你有什么技巧吗？

▶ 我经常跟他们说，我家的规矩是绝不处理电话销售，如果他们再打电话，我就把它记在本子上不会买他们的任何东西。还有打

电话来的垃圾债券推销商，要我"投资"。我就让他们写信给我，并告诉他们，我更愿意读亲手写的信。

那你真的读这种信件吗？

▶ 是的。

除了读还做什么？

▶ 扔掉咯。

对将要进入这个领域的年轻人有什么好建议吗？

▶ 我觉得他们应该主动去教大学一年级的化学课，通过教学，他们会成为更出色的研究人员。我在大学和研究生院里，热力学课程成绩是A^+，但直到我必须给一年级学生讲课时才真正理解热力学。从一年级学生那里可学到简洁和阐述的方法。

▶ 我认为研究和教学是一个不可分割的统一体，区别只是听众不同。一年级化学的听众是成百上千的年轻人——我一直在教化学——你面对的是纷杂观众，有的听得懂有的听不懂，这正是你写论文时面临的问题。人们看到这本杂志，有人理解你的意思，有人不理解。如果你学会与这些成百上千的听众沟通的方法，你就大概学会了科学交流的方法。

▶ 我感到，实业界的人在这方面不太有优势。他们需要向经理做报告，后者大致相当于大学一年级化学班的学生。如果他们做不到的话，一些在实业界默默从事基础研究工作的人，就不知道如何阐明他们的工作了。如今我们中有0.5%的人纯靠脑力工作，这没问题，但其余的人必须学会兜售自己的想法。我确实觉得，教学是锻炼这种能力的有效途径。

达德利·赫施巴赫

本文发表于1991年。

赫施巴赫（Dudley Herschbach）为哈佛大学贝尔德科学教授。因在原子隧穿现象方面的工作与李远哲（Yuan Lee）和波拉尼（John Polanyi）共享 1986 年诺贝尔化学奖。

你喜欢用铅笔还是钢笔？

▶ 我都用，但还是喜欢钢笔。我总是用一支灌满墨水的老式钢笔，所以总是弄得墨迹斑斑。这是我能写得整洁，旁人也能看懂的唯一工具。

对你来说，用横条纹纸来写字很重要吗？

▶ 无关紧要。作数学运算时当然用这种好。我更喜欢无格纸。我用的两种纸数量差不多。

选购笔记本时，你喜欢什么规格的？

▶ 大小合适就好。就我的大部分工作来说，28×20×1.2cm 就挺好的。但是电话号码本和记事本的话，还是得 22×15×1.2cm 尺寸的。我也说不出什么道理。一般这样一本小小的笔记本会陪伴我两年。（赫施巴赫教授的笔记本都是装订成活页的，里面是横条纹纸。）

对将要进入这个领域的年轻人有什么好建议吗？

▶ 我认为让他们理解两个概念很重要。

▶ 首先，科学家并不是都有特殊天赋的，很多小孩缺乏自信，总是觉得别人都很厉害。唯一的绝顶天才爱因斯坦给许多年轻人造成了智商有门槛的印象。其实只要你热爱科学，一般的潜能就足够了。问题只是你的目标是什么。人类生活的很多领域，情况并不是这样——比如房地产买卖中，掌握时机可能很重要。科学研究则不然，我喜欢把她看作山顶上可爱的少女，等着你找到到达山顶的途径。这位姑娘正耐心地等着你，时不时给你点甜头来激励你，时间终将使你到达终点。

▼ 学生们常常对"必须正确"感到恐慌。但跟大多数活动相比，科学是需要试错的。你很多时候都会感到困惑，但科学家面对困惑会很亢奋。你得知道，困惑是正常的，也得相信，经过锲而不舍的努力，就能实现你的目标。那时你就会发现，真正激动人心的，并不是你以前认为的那些兴奋点。

▼ 科学家跟作曲家一样，确实需要一定的才能，但比作曲家好当得多。作为科学家，即使你搞错了99%的音符，只要搞对一个音符，你就会受到广泛赞美。

▼ 其次，科学研究很大程度是合作行为，竞争没有那么激烈。这与许多其他人类活动有很大的区别。有时候，你并没有多少自己的创新，只是把别人之前的成果以其他人没有想到的方式结合在一起，这种情况有时候看起来甚至都有点尴尬。你可能在别的方面平庸，同时在科学上却相当能干，因为，你得益于其他人的工作。有些真正具有艺术家性情的人，往往会成为杰出的科学家。科研是件让人愉快的事，但遗憾的是很多人意识不到。

理查德·罗伯茨

本文发表于《不大可能的研究年报》1卷5期（1995年9月／10月号）。

罗伯茨（Richard Roberts）为新英格兰生物学实验室研究部主任。1993年，他因发现断裂基因而与夏普（Philip Sharp）共获1993年诺贝尔生理学／医学奖。

笨蛋和装腔作势的家伙有影响到你的学习吗？

▶ 曾有一个标准的笨蛋，还想教我物理，后来以个人积怨告终。我那时认定打台球比物理学更好玩，他很生气，还把剩下的时间全用来逮我打台球，他就是这么干的。我极其讨厌他，我们还因为他那一头油腻腻的黑发而叫他"鼻涕虫"。他总是穿黑色衣服，有人说真见过他身后有条油污痕。一个令人讨厌的笨蛋。

他的晚年情况如何？

▶ 在学校待了一段时间后，来了一位新校长，新校长不待见他，他就另谋他职去了。不过不管是新校长还是我，都没去搞清楚他干嘛去了，我们根本不想了解。

那有对你的事业有影响的笨蛋吗？

▶ 呃，那个……我不能说……一讲就太明显了，无论我提不提到这个人的名字，都会冒犯到他的。我不想讲。

▶ 我可以告诉你一个装腔作势的故事。我之前是个化学家，后来想要开始研究分子生物学时，化学系有许多人——其中很多我都觉得华而不实——当时认为不存在分子生物学这种东西。他们说，有化学，也有生物学，但没有什么分子生物学。当然，这只能让我更加想成为分子生物学家。他们也有正面影响，就是，他们一说不能干，我就想干了。

在你一直从事的研究领域中，还有没有遇到过笨蛋或装腔作势的人？

罗伯茨（左）在欣赏明星表演"阐释电子之舞"。该芭蕾舞在1994年搞笑诺贝尔奖颁奖典礼上作了首次（唯一的一次）世界性演出。右方看到的是诺贝尔奖得主利普斯科姆（William Lipscomb）。

▶ 有，有不少。的确不少。但我觉得，某程度上说还是笨蛋多一点。可能他们就是很笨吧。

接下来的问题是，你预计笨蛋和装腔作势的家伙对你未来的事业有什么影响吗？

▶ 这问题很微妙啊。笨蛋们几乎必然会影响我未来的事业，但我也想不出到底怎么发生。至于装腔作势的人，到处都有。尽管人们会受他们的影响，但不会因此失败。当然，窍门在于早点识破，然后无视他们。只要一识破，从此就无视。

你准备如何教你的孩子辨认笨蛋和装腔作势的人？

▶ 我的孩子一个 8 岁，一个 5 岁。他们成长得很好，已经知道怎么辨认这两种人。在这方面，他们比我强得多。

你对将要进入这个领域的年轻人有何建议？

▶ 行动吧，快乘着这个领域目前还这样振奋人心的时机，行动吧！

梅尔·施瓦茨

本文发表于1992年。

施瓦茨（Mel Schwartz）是哥伦比亚大学物理学教授，教一年级学生的物理。因发现 μ 子中微子方面的工作，与莱德曼（Leon Lederman）及施泰因贝格尔（Jack Steinberger）共获 1988 年诺贝尔物理学奖。

你是习惯买新车还是用旧车？

▶ 我只买新车，因为我不想处理别人的麻烦。另外，我处理旧车时，也从来不跟别人提起自己的问题。

你喜欢开车吗？

▶ 我没得选啊。25 年来，我每天驱车 160 公里，也就是每星期 800 公里……每年 4 万公里……25 年，100 万公里。

▶ 我喜欢这样吗？一点想法都没有，我不知道是不是喜欢，只是不得不开。我已经在方向盘后面花去 125 个工作日啊。

▶ 但是我可以告诉你我喜欢什么，我喜欢在纽约开车，因为我能像纽约出租车司机一样行动——不过仅当我开妻子的旧车时。

开车时你喜欢开着窗还是关着窗？

▶ 关着。我可不希望在纽约有人伸进手来扯住我的领带。不但要关窗，门也得关严了。

你对将要进入这个领域的年轻人有什么建议？

▶ 要采取攻势，因为这是取得成功的唯一途径。可以当成玩笑，但是也确实如此。要努力在世界上留下痕迹。

戴维·巴尔的摩

本文发表于1992年。

巴尔的摩（David Baltimore）为加州理工学院院长。因发现有关肿瘤病毒与细胞的遗传物质间的相互作用，而与杜尔贝科（Renato Dulbeco）及特明（Howard Temin）共获 1975 年诺贝尔生理学 / 医学奖。

你小时候看漫画吗？

▼ 看。《超人》、《蝙蝠侠》等等。

看日报的时候，你先看什么？

▼ 先看头版。最后是体育运动消息。其余就一扫而过。

你赞成在厕所间里看书吗？

▼ 非常赞成。这是你能够真正集中注意力阅读的时候了。其实厕所的设计还有个问题，就是人们从马桶上起身时，找不到地方放书。

你对将要进入这个领域的年轻人有什么建议吗？

▼ 哪怕看起来艰苦又无利可图，坚持下去，会有很大的乐趣。

莱纳斯·鲍林

本文发表于1993年。

鲍林（Linus Pauling）是科学史上公认的一位伟人。他被称为近代化学之父，他的开拓性研究涉猎深广，涉及生物学、物理学和医学等学科。他是唯一两次获得非共享诺贝尔奖的人。1954年，他因化学键本质及其在络合物结构中的应用方面的研究获诺贝尔化学奖；又因其致力于促成禁止大气核爆炸试验条约，获1962年诺贝尔和平奖。鲍林于1994年去世。

在校经历对你所受的整体教育有过多少干扰？

▶ 完全没有。我有幸进入东俄勒冈的公立学校，后来又进了波特兰的公立学校，它们都是极好的学校，极好的小学和中学。

你的个人经历有影响到整体的教育过程吗？

▶ 很少。我记得只有一件事。我在中学读了3年半以后，2月初——学年中期——我意识到，如果这学期末毕业的话，就能继续到俄勒冈农学院就读了。要想中学毕业，学生得修两学期的美国历史。我始终对历史感兴趣，所以我报名去修初级和中级的美国历史。办理注册的老师说必须有校长批准，我去找校长，校长不同意，我就把两学期的美国历史换成第7、8学期的数学——其中一门是三角学，还有高等代数——因为改变了学习进度，就得不到毕业证书。这就是我对教学系统的干扰了。大概25年以后，也许是应中学生的请求，他们才发给我一本中学荣誉证书。

与人性有关的最杰出的实验是什么？

▼ 这个得好好想想才能回答。我以前曾尝试回答过。

你对将要进入这个领域的年轻人有什么建议呢？

▼ 嗯，我有些大概的建议。最近常有人问我这个问题。我认为，要谨慎地观察异性朋友，选出一位你愿意跟他（或她）终生为伴的。早点结婚，好好过日子。再有就是，我觉得应该弄清楚你最想做的工作——你确实喜欢的——然后看看你是否能以此为生。

有没有第三点？

▶ 没了。

每年我们为取得了不可或不应再现的研究成果的人颁发搞笑诺贝尔奖。你想提名谁吗？

▶ 我很高兴提名泰勒（Edward Teller）争取第二届搞笑诺贝尔奖，这样，他就可以作为搞笑诺贝尔奖获奖次数最多的人而列入"吉尼斯世界纪录"了。（编者按：氢弹之父和"星球大战"导弹防御系统的最先建议者泰勒，被授于 1991 年搞笑诺贝尔和平奖。赞词说泰勒"致力于改变众所周知的和平的含义"。）

还有谁吗？

▶ 嗯，我想想啊，在人际关系领域，我认为赫伯特（Victor Herbert）博士应获此殊荣。他在哈内曼大学学院跟院长挥拳相斗，后来被开除了。赫伯特被认为是维生素方面的泰斗，总是为维生素诉讼作证，当时他在食品和药物委员会工作，美国科学院院长普雷斯（Frank Press）曾因该委员会号召减少"每日推荐量"（Recommended Daily Amounts，简称 RDA，是为了保障居民即不患营养缺乏病又不会营养过剩所提出的食物营养素供应标准）而发怒。后来美国科学院成立一个新的委员会并发布一个新的报告，他控告他们使用了他的资料——剽窃。我猜法院会拒绝受理这一案子的。

▶ 某种意义上说，是他，使我埋首维生素领域 20 多年。他激励了我在 1969 年前后写下《维生素 C 与感冒》（*Vitamin C and the Common Cold*）一书。嗯，他是有名的正分子营养学家和内科医师。人们认为 FDA（美国食品和药物管理局）在解释报告时才引用他的话，于是人们把他当作权威来引用，我觉得这不一定可靠啊。据我看，赫伯特先生是真正合适的候选人。

还有谁吗？

▶ 有，有一位《物理评论快报》的匿名审稿人，他认为我写的一篇论文应该扔掉，我在这篇论文里论及核子束绕中心球体旋转的问题。他说这种结构是不可能的，因为量子力学要求常态（或任何其他状态）要么对称，要么反对称。我写信给编辑说："这位老兄不懂量子力学，你们却用他当审稿人！他没准还会说氯化氢分子不可能存在呢！"但我没有得到编者的任何回音。

威廉·利普斯科姆

本文发表于《不大可能的研究年报》2卷2期（1996年3月/4月号）。

科普斯科姆（William Lipscomb）为哈佛大学艾博特和詹姆斯·洛威尔荣誉退休化学教授。因其对硼化合物的结构和键的研究及其关于化学键的本质的总体发现而获得 1976 年诺贝尔化学奖。

在你的"B_9氢化物中硼的排列"一文中，你讨论了氢原子的两种貌似可能的排列。

▶ 对，其实这问题也很棘手。因为呈现在我们面前的是一个含 8 个硼原子的化合物，事实上它又含有 9 个硼原子。我们很困惑，检验了 B_8 氢化物的所有可能性，最终断定，不可能是 8 个硼原子——必定还有 1 个。所以我们又加了 1 个，就行了。这是科学研究的一个实例：如果排除了所有其他的可能性，只留下一个可能性，那么这个可能性必然就是正确的。嗯，这使我想起——那时我在明尼苏达大学，是福尔摩斯协会"挪威探险者"分会——"贝克街业余侦探"协会的一员。

是的，福尔摩斯的确令人感兴趣。现在，我们要谈谈氢原子了……

▶ 嗯，我只是想说，这是按福尔摩斯的方法行事。在《福尔摩斯探案集》中，有四处提到，"只要没有发生其他偶然事件，无论留下的是什么，不管有多不可思议，就一定是真相。"这就是福尔摩斯法。喏，另外三处使用了不完全一样但很相似的措词。

哦，说起那些氢原子的排列……

▶ 这种事情就与硼原子数和福尔摩斯法有关。这可是一种科学方法，排除其他可能性，只留下最后一个，这样你就有了科学方法。这也是福尔摩斯至少在四个不同场合用的方法——

关于那些氢原子……

▶ 那个，"贝克街业余侦探"是一个很有历史的协会，他们研究福尔摩斯，寻找要破解的难题。有个例子是这样的，在《福尔摩斯探案集》中，华生的妻子玛丽·莫施坦（Mary Morstan）称丈夫为约翰（John）。当然，这是他的名字——正如福尔摩斯在书中写的，是约翰·H.华生（John H.Watson）。这个问题实际上是由女作家

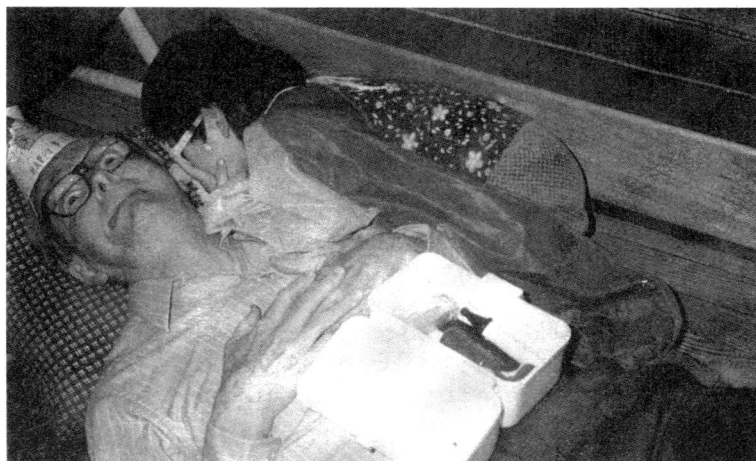

利普斯科姆和他的女儿珍娜（Jena）。

桃乐丝·帕克（Dorothy Parker）解决的。书中有一处称华生为"詹姆斯"（James），而不是"约翰"。当然，她不可能不知道丈夫的名字嘛，所以答案是："H"代表"Hamish"，后者在苏格兰英语中就是"詹姆斯"，这就是福尔摩斯协会中需要破解的一类难题。

那么氢的问题呢？

▶ 噢，这个，福尔摩斯是科研人员的典范。他工作的时代还没用上指纹呢，全靠动脑子。难题当前，得动脑子思索，寻找一切能找到的线索。喏，难道搞科学还有更好的方法吗？

一点不错，现在是否谈谈那些氢原子。它们组成一个二十面体的结构。

▶ 你知道，这些小说并不真是柯南道尔写的。这些故事有四个是福尔摩斯本人写的，其余都是华生写的。柯南道尔是作者的看法是完全错误的。

的确。好，如果每个硼原子提供 4 个轨道而仅有 3 个电子——

▶ 我也十分欣赏福尔摩斯的另一面，就像华生提到的，福尔摩斯是一位小提琴手——十分出色的乐师。福尔摩斯有时需要点放松，他经常去参加音乐会并演奏小提琴。我真欣赏这一点，因为破解难题也像演奏音乐一样，是一门艺术，所以表演者也很受用啊。

是的，的确是。那么，谢谢你接受采访！

▶ 客气了，不用谢。还有在小说中没出现过的、我希望用的另一种福尔摩斯法。那就是"银色烈焰"。"银色烈焰"是赛马名，一天夜里，它不在马厩中了，福尔摩斯需要查出盗马贼来，在调查尾声，他与华生讨论这个案子说，"那天夜里狗有什么异常吗？"华生答道，"狗没有什么动静。""这就怪了，"福尔摩斯说。你知道，没什么动静本身就是条重要线索：狗认识这个来过马厩的人。我们做某一实验时，会对过程有预期——但如果什么都没发生——在福尔摩斯看来，这就是恰当的参照标准。我希望有朝一日能在论文中用到这种方法。

除了是位化学家，利普斯科姆还是位废寝忘食的书虫，和颇有造诣的单簧管手。这是在第五届搞笑诺贝尔奖颁奖典礼上拍到的他的手部特写，在这次典礼上，他跟竖琴爵士乐乐师亨森科南特（Deborah Henson-Conant）一起演奏了二重奏曲。

参考文献

Richard E.Dickerson，Peter J.Wheatley，Peter A.Howell，William N.Lipsomb，and Riley Scaeffer，"Boron Arrangemant in a B$_9$ Hydride," *The Journal of Chemical Physics*，vol.25，no.3，Sept.1956. pp.606—607。论文的第 4 个脚注，引用了福尔摩斯描述其不测事件理论的话。引自柯南道尔的小说《布鲁斯帕廷顿计划》（*The Bruce Partington Plans*）。

悉尼·奥尔特曼

本文发表于《不大可能的研究年报》1卷1期（1995年1月/2月号）。

奥尔特曼（Sidney Altman）为耶鲁大学斯特林生物学教授。因其以核糖核酸酶 - P 说明 RNA 不仅能携带信息，而且还能催化化学反应方面的工作，与切赫（Thomas Cech）共获 1989 年诺贝尔化学奖。

能谈谈啤酒比薯片好在哪吗？

▶ 我认为应该从它们的碎屑对环境的影响来讨论这个问题。从这个角度来说，啤酒是当然的赢家。它不仅让消费者排出各种流体，还能在食用处留下萦绕不去的浓烈香味，而薯片呢，一般只在消费者体内留下一定量胆固醇，或是在床上、沙发上或一切大嚼薯片的地方，留下碎屑或松脆的碎片，让人不爽。所以，从关心环境的清洁卫生的人出发，以及对这种污染物的普遍警觉，啤酒是当然的赢家。

一杯啤酒配多少薯片最合适？

▶ 这个，这就是不搞科学的人提出的问题啊，根本没有注意定量观测或尺度大小问题。比如，杯子是什么样的？大小呢？薯片的大小呢？密度多大？

还是去实验室研究吧。

比起椒盐脆饼来，你是不是更乐意推荐薯片？

▶ 这也是个经常被问到的问题。我们必须记住，现在的油炸片状食物不光只有薯片。各种块茎、蔬菜、果实做成的油炸薄片都很多，椒盐脆饼（pretzel）也不例外。这个词的原意就是打结的东西，但你仔细观察下，现在到处卖的大多数椒盐脆饼其实根本没打结。所以它取决于人们对拓扑结构的兴趣和本身的审美——比如，甜的薯片就有让人愉快的外表呢。所以这也是个人好恶，与科学无关。

你对将要进入这个领域的年轻人有何忠告？
▶ 小心踩到屎。

每年我们要向取得不可或不应再现的研究成果的人颁发搞笑诺贝尔奖。你有想提名的人吗？
▶ 我要推荐进行这次采访的人。

chapter 3

搞笑，搞笑，搞笑诺贝尔奖
—— 一种不同凡响的奖

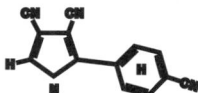

社会常授予公民许多荣誉——诺贝尔奖、奥林匹克奖章、金穗带、大奖、功勋章、漂亮的竞赛节杖、投手奖杯、蓝绶带、交通违章通知单。一路向下，最终你就能获得搞笑诺贝尔奖。

搞笑诺贝尔奖授予取得了"不可或不应再现"成就的个人。这个标准覆盖范围很广。自1991年始，每年在众物理学、化学、和平到艺术等多个领域内颁十个奖。每一批获奖者中可能包括两种人：一种，他们的成就是（至少回顾起来是）异想天开又精彩的；另一种人，他们的成就大概不那么精彩。很多获奖者不是亲自参加颁奖典礼，就是送来录像带或录音带发表感言。有一位获奖者甚至自费从挪威奥斯陆远道赶来马萨诸塞州剑桥领奖。

如果你获得了搞笑诺贝尔奖，那怎么说都得来领奖啊。这个奖完全由真正的诺贝尔奖（不是搞笑诺贝尔奖）得主在哈佛大学著名的桑德斯剧场内不无铺张和讽喻的仪式上颁发。剧场内只能站着的、打扮奇特的热心观众向新的获奖者报以掌声，到处是纸飞机；诺贝尔奖得主们和蔼可亲地担任主角表演短小的歌剧、芭蕾舞，或者其他被人称为艺术的奇特作品，观众们也会不由自主朝他们欢呼。颁奖过程通过网络直播，并会录下来在美国公共广播电台的"周五聊国事/科学"和C-SPAN电视网上播放，世界各地的报纸、电台和电视新闻机构，以及所有主要的科学杂志均加以报道。

1991年，我们在MIT一个可容纳350人的地方举行了第一届颁奖典礼。我们不知道晚上会不会有人出现，但让人惊喜的是，四位诺贝尔奖得主戴着小丑眼镜和土耳其圆帽出现了，房子里到处挤满了要参与盛事的人群。颁奖典礼规模逐年扩大，1995年，会场换到了哈佛大学，10月份，第七届搞笑诺贝尔奖颁奖典礼在这里举行。

诺贝尔奖得主（从左到右）格拉肖（Sheldon Glashow）、奇维安（Eric Chivian）、赫施巴赫（Dudlley Herschbach）和肯德尔（Henry Kendall）在第一年度搞笑诺贝尔奖颁奖典礼上颁奖，那是1991年在MIT的老房子里举行的。摄/沙里洛（Roland Sharrillo）

典礼分好几部分，包括惯常的搞笑诺贝尔奖欢迎仪式、欢迎辞，搞笑诺贝尔奖告别仪式和告别辞。它被描绘成科学院授奖仪式、诺贝尔奖颁奖仪式、大马戏团和经典百老汇秀 Hellzapoppin 的演出杂烩。

欢迎仪式，欢迎辞

惯常的搞笑诺贝尔奖欢迎仪式、欢迎辞均由马隆女士（Lois Malone）主持和发布。这里是她讲话的全文：

> 欢迎，欢迎。

告别仪式，告别辞

惯常的搞笑诺贝尔奖告别仪式、告别辞均由马隆女士主持和发布。这里是她讲话的全文：

> 再见，再见。

夜幕降临，正式的听众代表团隆重入场，他们代表年轻科学家（波士顿公立学校二年级学生），哈佛计算机协会；劣质艺术博物馆，支持和反对生物多样性的律师；四位同叫达里尔的人组成的伙伴组，以及主张适度变革的非极端主义者（来自芬兰）。瑞典肉丸"国王和王后"按皇族的古老传统出席，整晚一句话不说。遍体金光的人体聚光灯为典礼进程增色不少。主管和副主管殷勤地忙得团团转。重要人物在进行30秒海森堡确定性演讲。一些有入场券的幸运儿，赢得了一年一度"争取与诺贝尔奖得主约会"的比赛。诺贝尔奖得主们左脚的石膏模型被拍卖掉。观众起哄，向台上扔纸飞机。台上的人也以起哄回应，把纸飞机扔回台下。就是这样，宣布搞笑诺贝尔奖十位新的获奖者名单，然后获奖者发表讲话。

这里也有严肃的一面。众所周知，搞笑诺贝尔奖旨在颂扬科学，表明科学家确实享受到工作的乐趣，表明科学确实是生气勃勃、富于人情味和惊人离奇的事业——而不是提炼什么古怪想法的可怕事情。如今大多数被称为伟大发现的科学成果，在初露面的时候，都遭到过讽刺嘲笑呢。主张做手术以前应该洗手的医生，曾一度被认为是怪胎。但如今几乎所有医院里的外科医师都会在手术前洗手。

1995年在哈佛大学洛威尔演讲厅，第五届颁奖典礼开始时听众代表团进入大厅。右上方的单桅帆船是晚上的背景幻灯的一部分。摄/鲍威尔（Stephen Powell）

第一次接触搞笑诺贝尔奖时，有人会误会它是要彰显恶劣的科研。这完全是会错意，大部分情况下根本边都没挨上，不少获得搞笑诺贝尔奖的成就是真正的好研究，甚至对人类大有裨益。也有一些大概不是——但是，嘿，人非圣贤，孰能无过啊。我们都会犯错。搞笑诺贝尔奖董事会对美国参议员普罗克斯迈尔（William Proxmire）颁发的金羊毛奖所带来的坏处记得可清楚了。普罗克斯迈尔这帮人总是煞费苦心地寻觅嘲笑和辱骂的对象，他们有时会跟踪一些工作听起来古怪但其实应该获得赞扬和支持的人。搞笑诺贝尔奖不是这样，它意在阐明人类未尽的奋斗中有爱的一面（也许确实有些古怪）。如上所述，不少搞笑诺贝尔奖得主都十分激动、兴致勃勃地来参加颁奖典礼。

偶尔有一些搞笑诺贝尔奖获得者的成就被认为有点恶劣，或是愚蠢，这有什么关系呢？他们的成果是他们自己的事，有其他搞笑获奖成就的陪衬，他们显得越发意味深长，并树立了有魅力、古怪和自嘲的幽默典范。

从整个搞笑诺贝尔奖颁奖典礼中可以看到强烈的对比，它证明，生活中大部分事物是丰富多彩而又模棱两可的，很难信以为真。

1996年的颁奖典礼上新的开幕式。这里，丰饶角拍卖公司的卡利斯塔(Lin Calista)(中间)在拍卖诺贝尔奖得主格拉肖、赫施巴赫、利普斯科姆和罗伯茨等人的左足石膏模型(桌上右方)。浇制石膏模型的科学工作者／超级名模对称小姐(Symmetra, 右方)举着一只她自己脚的石膏模型。可看到正在趋近舞台的纸飞机(左远方)。拍卖导致了一场丑闻，后来有两个人都宣称他们买到的是罗伯茨的脚。尽管搞笑诺贝尔奖委员会要求讲这话的人"纠正这一极为严重的错误"，《华尔街杂志》还是报道了这场关于脚的可笑结局。摄／克里韦利(Enzo Crivelli)／萨尔扎(Mark Salza)

我们很开心

这是刊登在英国科学杂志《化学与工业》1996年10月7日一期上的评论。经《化学与工业》杂志同意，特转载于此。

我们很开心

英国的首席科学顾问罗伯特·梅先生是一个华而不实，令人扫兴的人吗？"搞笑诺贝尔奖"已然很好确立了诺贝尔奖的"戏说者"地位，他最近对这个戏说者的公开批评，显然只是说明英国科学机构太过严肃了。

在接受《自然》杂志的采访时，梅警告说"搞笑诺贝尔奖"有把"真正的"科学项目搞成无效闹剧的危险。他们应该对反科学和伪科学保持警惕，而且梅还建议说："让认真严肃的科学家做好自己的工作。"去年英国研究食品的科学家由于对浸水的谷类薄片有独到研究而荣获一项"搞笑诺贝尔奖"，梅的愤怒源于媒体对此进行的让人难堪的报道。

这种恼怒抱怨自有几分缺陷。首先，哪些科学家是"认真严肃的"并不是像梅先生那样的官僚说了算，也不该由他们来要求忽略某些科学家，因为他们被人嘲笑（他们其实没有被嘲笑，好的坏的都一样）。

其次，"搞笑诺贝尔奖"是由学术界办给学术界的。它并不同于美国臭名昭著的"金羊毛奖"，但梅先生却很不恰当地把两个奖相提并论。"搞笑诺贝尔奖"只是让科学自嘲。

再者，真正"认真严肃的"科学家们的工作，将能经得起电视喜剧节目和街头小报造成的暂时尴尬；当然了，假定他们的工作的确被其他科学家们认可为"真正严肃的"工作。如果在万众瞩目之下，有些科学家不得不花些时间与精力，向大家解释为何他们从事的工作值得资助，那这也是一件好事，这种事情应该多多益善。

最后，报道称梅曾建议"搞笑诺贝尔奖"的举办者应该首先征得获奖者的同意。然而，英国科学家们去年的确同意接受颁发给他们的"搞笑诺贝尔奖"，这让梅先生的一通埋怨显得无的放矢。此外，那个奖项证明，即使先取得获奖者的同意，也不能避开媒体的恶作剧。作为"搞笑诺贝尔奖"的举办者，马克·亚伯拉罕斯已向梅指出："几乎没有任何事情，无论是好是坏，能逃得过英国街头小报及电视喜剧人员的嘲笑。"

　　梅先生没能切中要害的做法，非但不能让人相信"搞笑诺贝尔奖"会产生有害的效果，而且也让他自己（和英国科学）看起来非常肤浅，缺乏幽默感。他误把不适当作灾难，误把一本正经当作严肃认真。而且他误解了该奖项的宗旨、过程和乐趣。在这一点上，科学家及其他人都应该拒绝接受这位顾问的不良意见。祝愿英国科学家们能够永远在"搞笑诺贝尔奖"的光荣榜中占据他们应有的一席之地。

搞笑诺贝尔奖花絮

1996年

▶ 艺术奖：出生于马萨诸塞州费奇伯格市的唐·费特斯顿（Don Featherstone），因为他发明了举世闻名的装饰品：用塑料制成的粉红火烈鸟。

时代寄语

"我要感谢为这个大奖奔忙的各位。大多数艺术家在被人认知之前就香消玉殒了。我还蛮幸运的，你们不用等那么久了。我非常高兴出席今天的典礼，的确不虚此行。非常感谢。"

——费特斯顿，因发明塑料粉红色火烈鸟而获得1996年搞笑诺贝尔艺术奖

▶ 物理学奖：英国阿斯顿大学的罗伯特·马修斯（Robert Mattews），因为他对墨菲法则进行了研究，并进行了实验展示，证明烤面包片落地经常会是抹黄油的一面着地。

1996 年搞笑诺贝尔物理学奖

作为地球上悲观的大多数之一，能够证明墨菲法则——如果事情可能出错，它必将出错——是宇宙与生俱来的，给我带来了很多快乐，这个搞笑诺贝尔奖也是如此。当然，我的工作中也有更严肃的一面，我只是记不起到底是什么了。哦，是的，我知道了。我应该继续努力。

——马修斯

听众们准备了典型的欢迎仪式，迎接1995年搞笑诺贝尔奖的获得者。

▶　公众卫生学奖：格陵兰岛努克镇的艾伦·克雷斯特和挪威奥斯陆的哈罗德·莫伊，因为他们撰写了一篇具有警告意义的医学报告：通过一个充气美女造成的淋病传播。

获奖感言

1996 年搞笑诺贝尔公共卫生奖

莫伊博士自费从挪威奥斯陆赶到哈佛大学来参加颁奖典礼。次日，他在哈佛医学院发表了这个演说更专业更漫长的版本。

女士们，先生们，我有幸高兴地接受著名的搞笑诺贝尔奖。不过，我想我不能忘形，因为这种研究很容易被刺穿。

本研究中最大的难题在于，如何实现强制性通知和治疗患者的另一半。也找不到关于玩偶的抗生素药物动力学方面的参考文献。所以，除了扎一针打一拳外还能干什么呢？

——莫伊博士

1996年艺术奖得主、粉红塑料火烈鸟发明人费特斯顿，在哈佛大学桑德斯剧场领奖时发表演讲。娇妻在旁，费特斯顿穿着一套恰如其分的亮粉色西装。1992年艺术奖得主、经典的解剖学海报"动物界阴茎"的创作者诺尔顿（Jim Knowlton）紧挨着坐在费特斯顿后面。坐在第2排的是1994年昆虫学奖得主洛佩兹（Robert Lopez，关于耳螨的研究），正看着挪威顾问科尔斯尼（Terje Korsnes）摆弄着他的奖杯，他是代表贝尔哈姆（Anders Baerheim）和桑德维克（Hogne Sandvik）来领奖的。可以看到火烈鸟的脖子就在讲台左边，纸飞机则零乱散落在地上。摄/鲍威尔

1995年

▶　物理学奖：英格兰诺里奇食品研究院的乔格特（D.M.R.Georget）、罗杰·帕克（R.Parker）以及史密斯博士（A.C.Smith），因为他们对浸水早餐麦片进行的不懈研究与分析，并发表了题名为"含水量对早餐麦片压缩状况的影响"的研究报告。

在发表获奖演说的是分享1996年公共卫生奖的莫伊。莫伊博士自费从挪威奥斯陆长途跋涉到坎布里奇接受给予他的报告"通过一个充气娃娃而造成的淋病传播"的奖项。摄/鲍威尔。

获奖感言

1995 年搞笑诺贝尔物理学奖

在研究麦片的压缩状况时,我们一点没有不严肃,或者用直接的感官手段,相反,我们讨论了宏观的力学特性与食物组成分子颗粒的规模变化之间的关系。我们有了一个洞察食材的机会,这很有价值。可是这对麦片生产商还有在座的各位消费者有什么意义呢?我们的回答是,这可关系到终极的进食体验。我们希望这个奖项的颁发会引发更深入的相关研究。

——史密斯
英国诺里奇食品研究所

▼ 化学奖：美国加利福尼亚贝弗利山的毕扬·帕克扎德（Bijan Pakzad），因为他开发了 DNA 古龙水和 DNA 香水，此二者都不含脱氧核糖酸（即 DNA），二者也都装在三螺旋造型的瓶子里。

获奖演说

1995 年搞笑诺贝尔化学奖

我荣幸且高兴地代表世界闻名的、最高级的男服和香水设计师毕扬来领奖。毕扬今天虽然不能出席，但对此非常激动。此刻，他在跟女明星德瑞克（Bo Derek）拍摄新广告，团队足有 20 人。在在座杰出的诸位面前我自然自惭形秽，我只想在这里谈谈 DNA。在我们心目中，"DNA"不仅代表"脱氧核糖核酸"——它还是毕扬的三个孩子的名字的首字母：丹尼拉（Daniela）、尼古拉斯（Nicolas）和亚历山德拉（Alexandra）。他们是唯一不需要去百货商店买这个牌子牛仔裤的人。其实呢，毕扬创造这种香水时，内心是把 DNA 解释成"必定不一般"（Definitely Not Average）和"差点能买得起"（Damn Near Affordable）的。我代表设计者毕扬和毕扬香水公司的所有员工对本奖表示感谢。

叶（Sally Yeh），毕扬香水公司董事长
加利福尼亚州，贝弗利

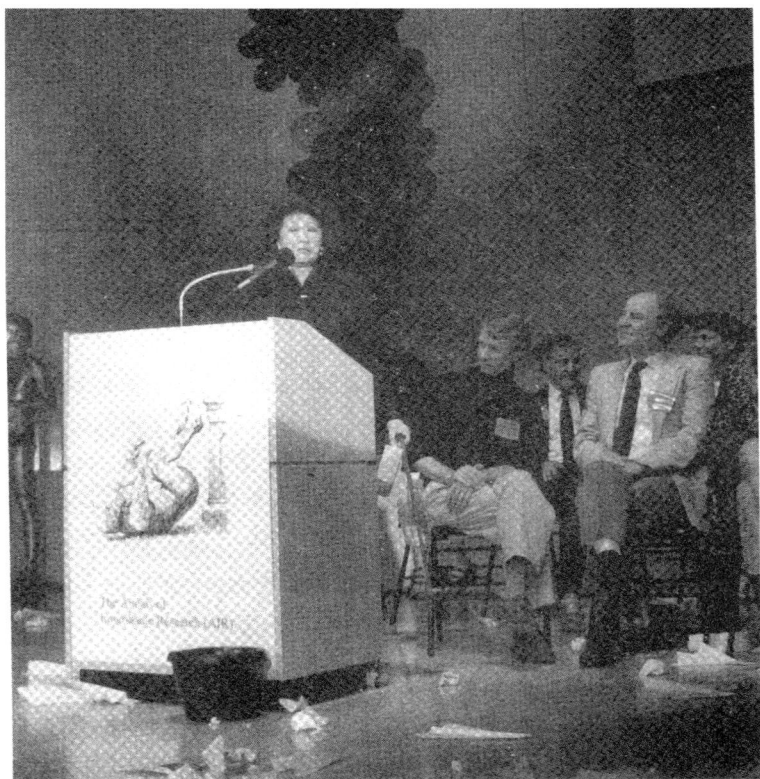

毕扬香水公司董事长叶女士代表1995年搞笑诺贝尔化学奖得主DNA古龙水和DNA香水的创造者毕扬，在领奖时发表热情洋溢的演说。摄/陈里安（Leeann Tzeng）

1994年搞笑诺贝尔奖

获奖演说

1994 年搞笑诺贝尔数学奖

我受托代表挪威地狱镇人民前来接受搞笑诺贝尔数学奖。得悉尊敬的阿拉巴马州有这么多居民要下"地狱"去，我真是太高兴了。我们在地狱为你们准备了特别住所哦！

科尔斯尼斯（Terje Korsnes）

挪威驻马萨诸塞州的名誉领事

1993年搞笑诺贝尔奖

获奖演说

1993 年搞笑诺贝尔医学奖

我希望我妈能在这里亲见我领这个奖。我的同事和我做梦也没想到这篇简单的论文会引起这么多关注。在这里，我要把我这代人从阴茎伤害里拯救出来，这个表彰更激发了我对痛苦的阴茎困境做进一步研究的兴趣。我们圣地亚哥海军医院（我们在那里进行研究）的同事们和加州大学旧金山分校一个很有竞争力的研究组，已经着手于阴茎受到咬伤后的处理——由于当局的公布，这已经成为海军的热点话题了。现在，我已经改行做乡村的泌尿科医生了，我和格思里诊所的同事们都希望进一步弄清楚农场里动物的继发性泌尿科创伤的发生率和重要性。

诺兰医生

《爱因斯坦的梦》的作者、麻省理工学院天文学家莱特曼（Alan Lightman）给1994年搞笑诺贝尔文学奖得主哈伯德颁奖。虽然大家都挺期待的，但是哈伯德还是没能出现。莱特曼在描述哈伯德的成就时，一只来源不明的气球人从舞台上面飘出，并慢慢绕着讲台兜圈子。在导致任何恶果之前，这只气球就被消灭了。

1993年医学奖获得者之一诺兰（James Nolan）医生驱车12小时，来说明临床医学报告"被拉链卡住的阴茎的紧急处理"中自己的作用。诺兰演讲完后，整个会场1200名听众起立，并高唱了迈克尔·杰克逊《天下一家》改编的小夜曲。摄/沙利罗（Roland Sharrillo）

1993 年搞笑诺贝尔心理学奖

我叫斯泰林，是马萨诸塞州助理检察长。绑架，不仅按照联邦法律是犯罪，按马萨诸塞州法规，也是犯罪。去年有数百起的绑架和绑架未遂，不过都没有外星人涉案。谢谢。

斯泰林（Kevin Steiling），马萨诸塞州助理检察长

斯泰林先生代表麦克和雅各布斯领奖，他们得出结论，那些相信自己被外星人绑架的人可能真被绑架过；还因为他们得出另外一个结论，外星人诱拐地球人的主要目的，就是造小孩。

▶ 颁奖典礼结束后，麦克的助手电告搞笑诺贝尔奖董事会，要求他们邀请麦克博士在第二年的颁奖典礼上讲话。第二年，麦克博士作了精心准备，但在最后一刻未能成行。在第二年的颁奖典礼上，搞笑诺贝尔奖董事会宣布，"我们感到失望伤心，但首先，我们很关心。"

觊觎搞笑诺贝尔奖的人们：
华盛顿院外游说集团成员
和企图劫持搞笑诺贝尔奖的其他人

史蒂芬·德鲁（Stephen Drew）

搞笑诺贝尔奖引发了强烈的激情。有些获奖者高兴地接受它，另一些人则不然。但董事会惊异地发现，有些人并不向往获奖，倒是只想着颁奖。

总部设在华盛顿的动物权利院外游说集团曾企图盗用搞笑诺贝尔奖的好名声，结果没有得逞。1994年12月28日，一个自称"负责的医学内科医师委员会"发布了一个新闻稿，企图宣布自己的搞笑诺贝尔奖获得者名单。国际科学界为此深感震惊。

1976年诺贝尔化学奖得主、哈佛大学教授利普斯科姆说："我震惊了。"1990年诺贝尔物理学奖得主、哈佛大学教授格拉肖说："我震惊了。"1993年诺贝尔生理学或医学奖得主、新英格兰生物实验室科研主任罗伯茨说："无耻透顶，我简直怒发冲冠了。"1979年诺贝尔化学奖得主、哈佛大学教授赫施巴赫说："我震惊又愤慨。"

1990年诺贝尔物理学奖得主，麻省理工学院教授弗里德曼（Jerome Friedman）说："我对有人妄图把搞笑诺贝尔奖作为政治手段而深感震惊。这些奖本来是为了增加生活情趣，增加本应被保护的幽默的。"

搞笑诺贝尔奖董事会发表了如下声明：

惊悉华盛顿某院外游说集团曾宣称诺贝尔奖应归功于他们。也许他们对于自己从未获奖很是沮丧，所以觉得这也算是一种新型的参与方式吧。

到了媒体那，这个故事就成了笑点。1995 年 1 月 9 日，在接到许多国家愤怒民众的电话、传真和邮件以后，院外游说集团的主席巴纳德（Neal D. Barnard）致信《不大可能的研究年报》。信文如下：

请相信我们无意故意盗用你们一年一度的奖项。我对可能造成的混乱表示歉意。

两年以后，伊利诺伊州有个人声明，他将颁发一项搞笑诺贝尔奖。搞笑诺贝尔奖董事会就此发表了公开声明：

如果你听到任何其他团体或个人打算颁发搞笑诺贝尔奖，请简明告知。我们将邀请这些人参加聚会（他们得自费），在会上他们既可以广采博集，又能相互切磋。

chapter 4

天文学、物理学和食品

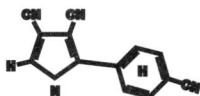

说到底，科学家就着迷于两件事：宇宙和食物。

有些研究者正试图把这两种有爱又亲热的东西结合起来。如《花生酱对地球自转的影响》（The Effects of Peanut Butter on the Rotation of the Earth）、《薯片的气体动力学》（The Aerodynamics of Potato Chips）（作者包括美国航空航天局的科学家）、《纳米技术与烘烤面包稳定性的物理极限》（Nanotechnology and the Physical Limits of Toastability）及《激光拉克莱特奶酪》（The Laser Cheese Raclette）等文章就是很好的例子。最后一篇描述了用昂贵的科学仪器来做精美小吃的盛况。

宇宙是一个巨大的空间。天文学家总是想弄清宇宙到底多大，我们到底怎么存在于宇宙中。那些想要个痛快答案的人们，哲学家恩格尔布雷茨恩（George Engelebretsen）的论文"地球中心说"（Mondocentrism）会让你们很受用的。

物理学有时被称为所有学科之王，有时又被说成所有学科之后。通俗点说，人们称它为所有学科的基础。科学家，尤其是物理学家，喜欢取些大家喜闻乐见又印象深刻的名字，纳迪斯（Steve Nadis）对"圣杯"的真正含义作了如此精密的探索，以至于这种自命不凡的行为竟然有了合乎逻辑的结论。

对于那些想要了解 UFO 和太空外星人的人，我们既有相关研究，又有些有用的信息。芬戈尔德（Leonard X. Finegold）对人们被外星人绑架的危险作了明确的分析。跟大多数媒体的说法不同，这是真正的、明确的科学分析。比起昙花一现，又很有争议，没什么实质内容的马后炮

"报道"来说，我们"观测 UFO 事件表"要有用得多。

混沌（chaos）？人人都在写混沌，我们也来写一把。伊瑠迪（Inaudi）、德莱加（Colonna de Lega）、图利奥（Di Tullio）、福尔诺（Forno）、雅科（Jacquot）、莱曼（Lehmann）、蒙蒂（Monti）和维尔皮洛特（Vurpillot）的报告"混沌：蝴蝶效应的证据"（Chaos:Evidence for the butterfly Effect），是首个证实"蝴蝶效应"不只是漂亮的微妙隐喻的真实证据。

你也可在散见于本章的常规栏目中有所收获。"向您推荐"概述了读者自己发现并寄给我们的真正的研究报告——这些大概是发表在《不大可能的研究年报》上的最杰出、最卓越的引文，其他章也有这种内容。"睡眠的最新研究"是不言而喻的，"科学八卦"是一些随便你怎么看的小道消息，"发泄"则收集了其他出版物称为"读者来信"的书信。我们发表了其中很多，甚至是颇有挑逗意味的信。

混沌：蝴蝶效应的证据

本文发表于《不大可能的研究年报》1卷6期（1995年11月/12月号）。

伊瑙迪，德莱加，图利奥

雅科，莱曼，蒙蒂，维尔皮洛特

福尔诺为英国伦敦城市大学特邀教授

其他作者均属瑞士洛桑瑞士联邦理工学院应力分析实验室

作者按：洛桑发现了会引起法国巴黎下雨的蝴蝶。本文提供了实验过程和结论，并论述由该结论引起的伦理和哲学问题。

背景

有些现象太错综复杂，甚至连细微的动作也能产生不可预测的巨大影响。众所周知，根据混沌理论（chaos theory）[1]一只蝴蝶[2]扇动翅膀就会在遥远的国度里产生灾难性的反应。美国龙卷风、日本雷雨和巴黎降雨都是这种自然规律的实例。[3]同一地区类似的气

引起巴黎下雨的那只蝴蝶。

象过程是否由单个昆虫扰动所造成，据作者所知，这个问题尚未有人提出。

研究方法

巴黎阵雨成为了第一次可行性实验的焦点。巴黎有可靠的气象资料，方便研究。

我们按政治正确的比例选了 10 只能代表瑞士蝴蝶种群分布的蝴蝶。为使结果避免任何可能的干扰，我们进行的是双盲实验，并没有告知蝴蝶它们正在参与一项科学实验。

每天早晨，由一名作者打电话（费用由实验室负担）给他在巴黎的女友询问天气。为了保证结果可靠，观察时间每天至少一小时，在这一小时内电话一直不挂。与此同时，第二个随机选定的、不知道电话内容的研究者则观察这 10 只蝴蝶的活动情况。

收集完所有相关资料后，把这两组结果对照比较。

考虑到晴天的时候，会引起下雨的蝴蝶可能会因为别的原因飞舞，所以巴黎晴天时飞舞的蝴蝶的资料就删除了。逢雨天，则把每只蝴蝶活动与否的情况记录下来，以便进一步分析。

本研究一直持续到我们的财务收到第一份电话账单为止。实验持续了 54 天，其中 16 天为雨天。

实验结果

表 1 概括了洛桑的蝴蝶在 16 个巴黎下雨天的活动情况观察结果。这些结果可以说明蝴蝶 "J.L." 与巴黎降雨之间有着明显的相关性。蝴蝶 "柯特"（Curt）和 "某先生"（Mr.X）显示其活动有可能引起下雨，但并没确定、持续地引起降雨。蝴蝶 "麦克斯"（Max）则没有可观察到的和降雨有关的活动。

蝴蝶在 16 天里都恰好在活动的概率仅为 $1/2^{16}=1/65536$。因此我们可以得出结论，在洛桑的确有一只能引起巴黎所有降雨的蝴蝶。

但是由于资料有限，还不可能确定上述其余的蝴蝶是不是引起了世界其他地区的天气变化。各位请对照自己国家的天气记录，对照察看其余蝴蝶的活动模式，如有相关性，请告知。

	Al	Curt	C.H.	Dan	J.L.	Mat	Max	Ray	Sam	Mr. X
4/Feb/95	X	X	X		X	X			X	X
4/Feb/95	X	X	X	X	X					X
8/Feb/95		X				X·				X
18/Feb/95	X	X			X				X	
19/Feb/95	X	X			X	X			X	
20/Feb/95	X	X			X				X	
24/Feb/95		X	X	X	X				X	
29/Feb/95		X		X	X				X	
1/Mar/95		X		X	X	X				
7/Mar/95		2			X					X
8/Mar/95	X	3	X		X			X		X
13/Mar/95	X				X			X		X
14/Mar/95	X			X	X	X		X		X
21/Mar/95	X				X			X		X
22/Mar/95	X			X	X	X		X		X
25/Mar/95			X	X	X			X	X	
Hit/Miss	10/6	9/7	5/11	9/7	16/0	8/8	0/16	7/9	10/6	13/3

表1 实验中的各只蝴蝶在16天里的活动。为保护隐私，蝴蝶都采用化名。X表示有某种形式的活动（如扇动翅膀），2表示可能死了，3表示确实死了。

讨论

不用说，本发现在气象学上是极有价值的。

但在伦理、社会学和商业领域的后果还需考察。

问题肯定很多。首先，能通过约束蝴蝶的运动来控制巴黎的天气吗？如果可行，那这只蝴蝶的主人将可能在政界赢得巨大的影响（如某些分析家指出，左派支持者更可能在雨天投票）。这一发现还有着巨大的潜在商机。有可能向高档婚礼、罗兰·加洛斯网球决赛或杜邦先生洗车日等特殊场合推销"晴天"。

还有伦理和哲学问题。是不是要把蝴蝶"J.L."当做害虫消灭呢？或者它是不是巴黎生态系统不可或缺的一部分？如果这只蝴蝶突然被暴力致死，会有什么后果呢？作者们对此未能取得一致意见。有人认为，如果只是扇动几下翅膀就会造成巴黎的强降雨，那蝴蝶的非自然死亡将会产生大面积的灾难。另一些人认为，蝴蝶的灵魂真能移栖于其他蝴蝶。实验数据使人考虑了后一种理论：在蝴蝶"柯特"死亡后，蝴蝶"雷"的活动明显增加。因此"雷"有可能是"柯特"的转世化身。

考虑到我们的工作会引来可能的严重破坏，所以我们组成了一个伦理委员会，以保护这种有气象活性的昆虫免遭个人、政治、军事、宗教或体育运动组织的任何形式的操纵。

结论

强有力的实验证据可以证实所谓的"蝴蝶效应"。在瑞士洛桑发现了能引起法国巴黎降雨的蝴蝶。数据的误差小于1%。这一发现的后果值得进一步研究。

本文作者感激大自然赐予他们研究这样有趣现象的机会。这一研究项目是由"瑞士电信"不由自主地资助的。5月10日出现了大暴雨，那天我们拍下了这只蝴蝶，并为此对巴黎的居民表示深深的歉意。

注释

[1] *Chaos Theory Journal*, all volumes, all issues, all pages.

[2] "Discovery of a new flying species", *Journal of Applied Entomology*, 3rd stone, 1238 B.C.

[3] *Time Atlas of the World*, 1995.

2

无所不在的圣杯

本文发表于《不大可能的研究年报》2卷2期（1996年3月/4月号）。

纳迪斯

马萨诸塞州坎布里奇

　　"圣杯"（holy grail）这个术语在科学文献中几乎到处可见（例如"换发疗法的圣杯"或"高能玄学的圣杯"）。这一惯用语的显著重要性给我留下深刻的印象，我着手寻找当代期刊文献中有关该术语的所有参考资料，然后根据"上下文"和/或"其他"线索推断其含义。

第一步

　　首先我去公共图书馆查看检索目录。遗憾的是，现在已不存在这种"目录"了。我模糊地记得，读书的时候就听图书管理员琼解释说"如今都电子化了"。她把我带到"信息查询装置"前。琼在说

寻找圣杯的线索，德鲁提供。

明这个"电子信息贩卖机"的功能后，输入"圣杯"一词。机器安静了一会儿，屏幕上闪现出"找到 737 份！"它问我："你要缩小搜索范围吗？"我说相反，尽一切办法扩大搜索范围。但信息查询装置不能提供多于上述 737 份"命中"的信息。然后我用打印机输出，经过缓慢而必要的过程后，收获了 738 份——737 份加上 1 份印错的。

有线电视、心脏病学，汽车圣杯

"当代"期刊文献中找到的 737 份参考资料不但有启发性，还十分有趣。我不想重述表 1 的全部内容，只提若干最精彩之处。例如有"有线电视的圣杯"，它显然意味着"要求电视具备盒式磁带录像机那样的功能：能订购并放映影片、暂停、倒带和快进……"[1]"材料科学家长期追求的圣杯"则不然，是"比金刚石还硬"的新的合成材料（还没合成出来）。[2]哈佛医学院的一位心脏病学家提供了一个明确的、但却比金刚石软得多的定义："圣杯是对我所需知道的一切的检验。"[2a]反之，正是《科学美国人》这份杂志坚称，圣杯是"一次充电便能够安全地驱动汽车行驶300英里的蓄电池"。[3]这一论点与该杂志以前的说法截然不同，该杂志以前认为，难以捉摸的圣杯无非就是希格斯玻色子——一种其确切性质仍被笼罩在模糊面纱内的粒子。[4,4a]

波、热，冷与圣杯

当然，物理学是几乎有着无限圣杯的领域。"H.G."（圣杯的缩写）这一绰号被各不相同地认定为："万物之理"（theory of everything，又称 TOE）[5]，引力波（gravity waves）的探索[6]，"玻色—爱因斯坦凝聚"（Bose-Einstein condensate）的产生[6a]，质子衰变为带电粒子[6b]，自持核聚变反应（self-sustaining nuclear fusion reaction）[7-9]、热聚变或冷聚变，公开的还是秘密的（已经有一项成果被热力学家称为"能量的圣杯"）[10]。有一些微妙的区别，外行可能察觉不出来。例如，顶夸克虽然不是珍贵的 H.G.，但却是"物理学中的大白鲨"[11]。取代"万物之理"的"万物终极理论"（ultimate theory of everything，简称 UTOE），实际上是"金羊毛"（Golden Fleece）而不是圣杯。[12]

宇宙学则是处处都充满圣杯的另一个领域。对于一些从业者来说，测定哈勃常数（更广一点，宇宙的年龄）乃是该领域的 H.G.。[13]

另一些人把该术语用于时空结构中"原始褶皱"的发现，而另一些人依然把后者称为"上帝的手迹"和 / 或"缺失的一环"，而宁愿把圣杯这个称号专门留给比较高级的事物。[14-16] 但人们会再次发现，"上帝的指纹"和"上帝的手迹"跟"上帝的手指"毫不相干。[17]

聪明圣杯、长命圣杯

还应特别提到人工智能 [18a] 和"永生"，它们在多达七（下面还要提到这个数）种场合下被称为"长命圣杯"[18b]。

因此，我们应该怎样理解这个"虚构的实体"——"圣杯"，这个常用在让人迷惘的互相关联的事件和情境中的术语呢？通过对资料的系统考察，我得到了一些概括性的结论。首先，它不可能是表示一个单独的、"严格的"含义。"圣杯"，对很多人来说，意味着很多事物的独特功能（如果不是全能全知的话）。这种变色龙似的特性，的确导致了目标的不明确。

杂物堆里的圣杯

最近大众媒体中出现的"一劳永逸"找到了神话中的圣杯的报道，使人们的困惑有增无减。英国一位奇怪的家伙声称，在他表兄金杰（Ginger）的顶楼里碰巧发现的一张唱片，"无疑就是所讨论的圣杯"。另一位公认的考古学家则在义卖的捐赠品中发现了——跟他觊觎的圣杯"雷同"的——圆筒形有柄大杯——其实是一只橄榄球赛的奖杯。[18c]

"大片"线索

所有这一切都让这个谜变得更难理解。如果我还想解谜,无论如何得换一个新的视角——得另辟蹊径。既然公共图书馆找不到我要的东西,就转到另一个有学问的地方——"轰动视频"(Blockbuster Video)的本地办公室。在"轰动"的资料库中,我发现了电影《巨蟒与圣杯》(一部恐怖片)的参考资料,或许可因此解开这个千古之谜。不巧得很,该片被借走了。

尽管如此,我还是从"大片"的营业员那里搜集到一些重要的信息,我觉得,这位年轻营业员即使不算知识特别渊博,也至少是消息灵通。他说"说真的,好久"[19]没有看到这片子了,不过他似乎记得,它与探索"某种有神圣意味的人工制品"有关。某程度上,这大约是最接近我们目前能获取的关于难以捉摸的圣杯的含义——"某种有神圣意味的人工制品"。

完全不同的观念

正准备结束调查的时候,我恰巧碰到了一位"大片"的老主顾——一位女青年,她耐心地观看了我同营业员的整个交谈,想借纳粹舞蹈片"跳旋转舞的年轻人"。这位线人(为了保密,称她为"某小姐")告诉我一个信息,不过我无法担保其真实性。她认为,"蛇片"的主角是一个名字与"keys"押韵的、叫做克利斯(John Cleese)的人。我觉得这值得注意。她说,老实说,就是这个"J. C."出生于"公元"某某年7月7日(确切的年份并不重要)。出现了惹人注目的"7"的并列的模式。同时"7"恰巧是一个标准星期的天数(即使是闰年也不例外)。而且恰巧也是我们仁慈的上帝开始创造地球及包括神秘圣杯在内的一切事物的天数。未来的研究者最好就这一联系继续探究。[20]

注释

[1] George Judson, "For the Couch Potato...," *New York Times*, August 20, 1995.

[2] David Chandler, "Nearly diamond-hard substance is synthesized," *Boston Globe*, February 25, 1995.

[2a] *Boston Globe*, "Smaller firms developing new types of medical light," 0ctober.19, 1994.

[3] Sasha Nemecek, "Bettering Batterie," *Scientific American*, November 1994, p.106.

[4] John Horgan, "Lone Star Science," *Scientific American*, January 1989, p.17.

[4a]Chet Raymo, "Particle accelerators and matters of faith," *Boston Globe*, Janumy 25, 1993, p.26.

[5] D.Smith, "Taking a Quantum Leap," *Bostoria*, July / August 1988.

[6] Theresa Hitchens, "Gravity Wave Detectors," *Smithsonian News Service*, July 1988.

[6a] C.Wu, "Physics 'Holy Grail' Finally Captured," *Science News*, July 15, 1995.

[6b] Dennis Normile, "'Super' Japanese Site Gears Up to Solve Neutrino Puzzle," *Science*: November 3, 1995, p.729.

[7] Jerry Bishop, "Cold Fusion ..." *Popular Science*, August 1993, p.47.

[8] D.Chandler, "Cold fusion ...," *Boston Globe*, Decenber 11, 1989, p.46.

[9] Elizabeth Thomson, "Physicists Discuss Fusion Breakthrough," *Tech Talk*, Janaary 5, 1994.

[10] Robin Johnson, "Energy's Holy Crail," *Research Horizons*, Winter 1990, p.9.

[11] Douglas Birch, "A unit of matter may be found ," *Boston Globe*, December 29, 1992, p.6.

[12] Malcolm W. Brown, "Search Quickens for Ultimate Particles," *New York Times*, July 19, 1988, p.C13.

[13] Ron Cowen, "Search for Cosmology's Holy Grail," *Science News*, October 8, 1994,

[14] John Noble Wilford, "Scientists Report Profound Insight ..." *New York Times*, April 24, 1992.

[15] S.Begley, "The Handwriting of God," *Newsweek*, May 4, 1992, p.76.

[16] M.Stroh, "COBE Causes Big Bang in Cosmology," *Science News*, May 2, 1992.

[17] A. Dyer, "A New Map of the Universe," *Astronomy*, April 1993, p.44.

[18a] Peter J. Howe, "School for Robots," *Boston Globe*, October 20, 1995, p.29~36.

[18b] 小心周到的研究者不难找到这些引文。

[18c] 同上。

[19] 大概超过一年的不确切时间。

[20] 以圣杯之名，我发誓这里所说的一切都是精准的。我相信，有了这种形式的个人保证，要再用引用，不仅多余，而且完全没有必要。

关于睡眠的最新研究

帕斯克维奇（Yuska–Marie Paskevitch）

第一研究组

KD 跟 RM 睡在一起。

RM 跟 PI 睡在一起。

PI 跟 RK 睡在一起。

RK 跟 WB 睡在一起。

WB 跟 GG 睡在一起。

GG 跟 FP 睡在一起。

FP 跟 KD 睡在一起。

第三研究组

TFD 报告了一连串令人失望的结果。她正在研究改进的方案。

第四研究组

DS 在蹂躏一个新的研究生。

第七研究组

FL 一直在试验染发剂。

第七研究组

KD 已经没有研究经费了，现在不跟任何人睡了。

本文结果来源于不同期的《不太可能的研究年报》。

观测UFO的时间

3 月 15 日	突尼斯 迈特玛亚
4 月 24 日	波兰 维利奇卡
4 月 25 日	日本 别府
6 月 19 日	南极洲 兰伯特冰川
7 月 1 日	秘鲁 普诺
8 月 2 日	美国 加州西米谷
10 月 5 日	俄罗斯 莫斯科

准确时间，请向当地相关机构查询。

本表发表于《不太可能的研究年报》2卷2期（1996年3月/4月号）。

3 瑞士奇特的粒子加速器

这是《不大可能的研究年报》1卷3期（1995年5月/6月号）封面上的照片。

· ·

这张照片是在瑞士日内瓦附近欧洲核子研究中心（CERN）高能物理研究所的贮藏室里发现的。背面写着"1952年"。该设备被认为是废弃的粒子加速器。摄 / 史密斯（Robert Richard Smith）

4 激光拉克莱特奶酪

本文发表于《不大可能的研究年报》1卷3期（1995年5月/6月号）。

兹利德（A. Zryd），利支蒂（T. Liechti），

瓦格尼（J. D. Wagniene）

瑞士洛桑 CH-1015 材料工程部

瑞士联邦理工学院材料激光处理中心

"拉克莱特"（raclette）是来自瑞士阿尔卑斯山区、由融化的硬奶酪做成的古老食品。制作方法与驰名的"瑞士奶酪火锅"不同：加热时整块奶酪仅上层融化，把内部挖出来放在盆子里，和着土豆与干白葡萄酒一起吃。只要还剩有冷的奶酪，就可以一直重复这种吃法。常用的加热方法是燃烧木柴[1]，更现代一些的，是遵循焦耳效应用电产生热。[2] 前一种办法在现代可不一定方便，而且这两种传统方法都需要人工撒胡椒粉来让热量更柔和点。本文提出一种制作拉克莱特的新方法，大部分现代实验室用一般设备就可以避免上述缺陷了。

图1 融化奶酪的激光装置。图下部半月形部分可以看到奶酪，激光从上面打下，穿过光学系统，上面的小管是可以避免胡椒粉影响透镜的喷射口，后面是处理烟尘气味的排气透风口。

● ●

实验装置

选用市售瑞士奶酪作为样品，用磨细的黑胡椒粉作调味品。把 1.5 千瓦连续发光的 CO_2 激光散焦在奶酪上融化它的上层。用数控 X-Y 放料盘把这块奶酪移到固定光束下。图 1 所示为实验装置的照片。操作条件见表 1。

使用喷粉技术喷胡椒粉，[3] 用的是携带氩气的等离子技术双晶

10C。在研究胡椒粉的粒子大小分布情况后发现，由于静电作用，颗粒小于 30 微米的胡椒粉，流动性会减弱。从输送和味道的角度看，40~100 微米之间的颗粒效果最好（图 2）。

激光功率	250W
光束直径	5cm
扫描速度	4500~6000mm/min

表1　CO_2 激光融化奶酪的操作参数。

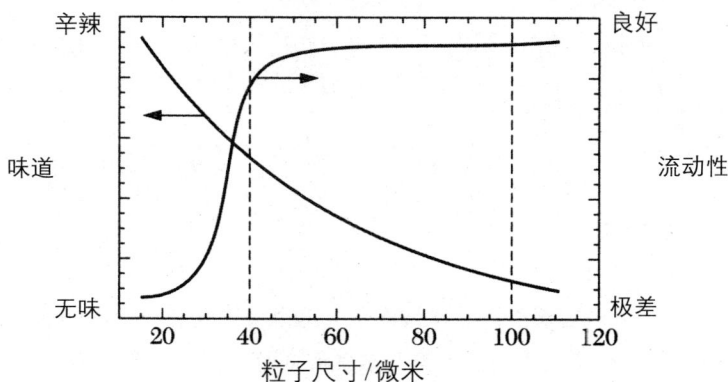

图2　胡椒粉的分析：味道和流动性与颗粒大小的关系

实验结果及讨论

效率

因为使用的是圆形光束,再加上焦距限制,一条光径可能无法覆盖到奶酪的整个矩形表面,所以光束需要扫射,并根据光束的凹顶形式来优化。

要做成优质拉克莱特,厚 1~3 毫米的奶酪必须加热至 100℃(不得超过 180℃,否则就成烧烤了)。由于整个入射波功率被数微米厚的奶酪吸收,奶酪导热性差,能量密度有限(作用时间乘功率密度),所以,功率最好降到一般电炉的水平。

也就是,我们不能用最高激光功率。用 CO_2 激光(10.6 微米波长)加热奶酪所得结果类似于焦耳效应(一般主要用红外辐射)加热所得的结果。但要产生 1.5 千瓦的激光功率,输入就得 15 千瓦。这就大大降低了激光制作拉克莱特的能量效率。

操作图

另有研究人员用有限差分模型模拟了加热和融化过程。[4] 结果示于图 3。

预测的形状跟我们的实验结果相当一致。因之我们推算出了一张操作图。可以让人们更方便地根据食用人数和干酪种类来确定主要的激光参数。图 4 为示例。

可行性与质量控制

按照上述操作,拉克莱特可满足 23 个试验人员食用,尽管上菜速度有点慢。用这种方法可轻松得到所谓的"小修女",即奶酪最外层的烤焦部分,专家们认为这是最妙的部分了,但也最难制作。

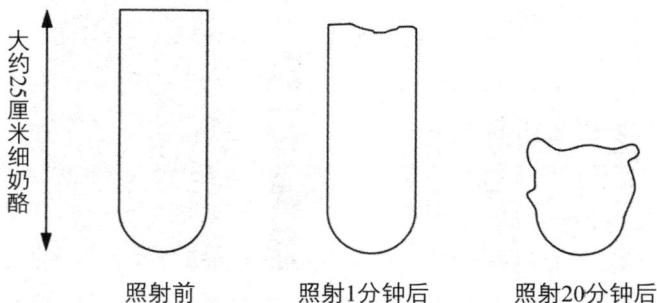

图3　照射奶酪样品时的有限差分模型。可以看到，奶酪在高温时变形剧烈。

用盲检来比较激光拉克莱特和一般的拉克莱特后，结果见图 5。激光法明显较好。因为胡椒粉颗粒自动散布，形成了一些更有规则

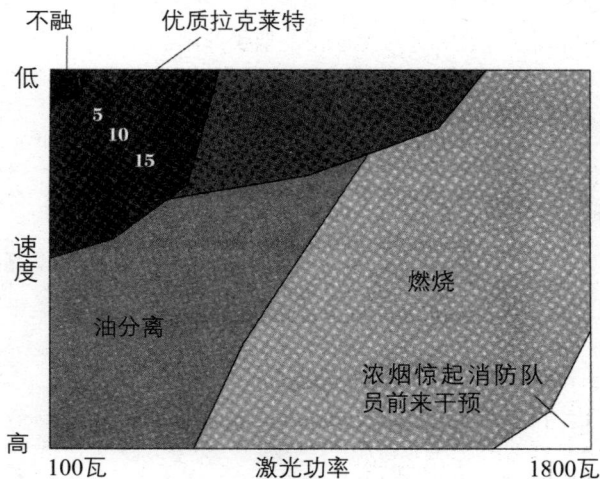

图4　常见拉克莱特奶酪制作的操作图，显示了烹饪奶酪的最优选项，还有等顾客线，表明了一定顾客数情况下的最佳参数。根据不同种类的奶酪和激光的不同波长可制作类似操作图。

的层，所以质量与其他方法制作的有区别，味道要更稳定。

还得说明的是，本方法跟焦耳加热（Joule heating）的方法一样，比用木柴加热还多了个优点：可以避免已被确认可致癌的烟气。[5]

经济分析

从成本上看，激光法不如传统方法有优势。假设要使用 1 小时激光，包括设备、能耗和技术人员在内，要花费 300 瑞士法郎（230 美元）。如操作时间为 120 秒左右，则估计一个拉克莱特的成本为 10 瑞士法郎（8 美元）。而用电阻加热制作一个传统的拉克莱特成本为 0.08 瑞士法郎（包括设备和不熟练的工人，耗费 120 秒，每小时 15 瑞士法郎）。烧木柴制作法的成本则为 0.025 瑞士法郎。你可以在树林里随便收集柴火，所以能量成本几乎是零。当然城市里就不好说了。

必须指出，上述估计不包括间接成本和环境方面的费用，如空气污染和电量流失。

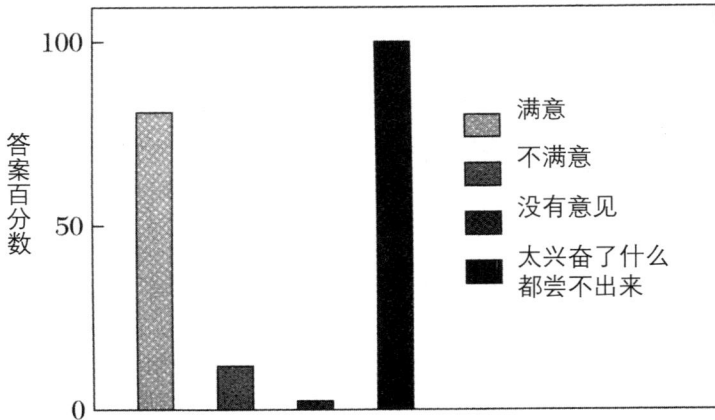

图5　拉克莱特奶酪味道和质量的盲检结果。

结论

这种制作拉克莱特的新方法，得出了鼓舞人心的结果。这是激光的一个有意义的实际应用，它可能为瑞士奶酪和激光工业开辟新的市场。更重要的是，也为在乙基蒸气的不利条件下进行激光表面处理工作提供了更多可能。

致谢

对盲检的所有参与者，特别对兰（Lang）博士的积极参与表示感谢。本研究已扩展为阿尔卑斯山区的发展规划的一部分。衷心感谢他们的经济支持。

注释

[1] E.Whymper, "Fire cooking in the underdeveloped mountain regins of the world," *Journal of the Royal Mountaineering Society*, London, 1853, pp.2-78.

[2] J.D.Wagnihre, S.Bourba, P, Gilgien, M.Grermaud, O.Hunziker, T.Liechti, L.Poiri, M.Vandyoussefi, A.Zryd, "High temperature emissivity of materials for cheese melting," *Acta Formatica*, 1985, Vol.3, pp.548-557.

[3] R.Dekumbis, H.Mayer, P.Fernandez, A.Niku Lari, ed., *High Power Lasers*, Persimmon, Press, Oxford, 1989, pp.289-296.

[4] Hoadley A., Rappaz, M., *Metallurgical Transactions* B, Vcl.23 B, 1962, pp.631-642.

[5] J.Frankenstein, "A statistical study of cyrrhosis and cancer among alpine population," *International Journal of Mountain Medicine*, Vol.234, 1994, pp.1-54.

5 纳米技术与烤面包的物理极限

本文发表于《不大可能的研究年报》1卷3期（1995年5月／6月号）。

切尔（Jim Cser）

俄勒冈州希尔斯伯勒应用早餐实验室

自命不凡的开场白

有一些工艺技术（如色拉搅拌机、八音轨磁带等）对社会贡献极小，而另一些（如电吉他、便利贴、果冻等）则影响很大。有时一种有用的技术流行起来，会在我们的眼皮底下改变全球（见下表）。

技术革命	对文明贡献
新石器革命	适合劳动的工具
农业革命	蔬菜
工业革命	工业化

技术革命	对文明贡献
微处理革命	任天堂
生物技术革命	巨型蔬菜
以及不久……	
纳米革命	纳米烤面包炉

我们现在就处在纳米技术革命的开端。纳米能造出真正的微型设备。像一切真正的大变革一样，没人知道纳米革命到底会怎么样。虽然现在已有了各种纳米装置，但它们主要是用来震撼聚会人群的。即使如此，效果也没多好。

基本上（尤其是这里），光说是容易的，现在该是纳米技术大显身手的时候了。改良厨房设备显然是最有用的，所以作者开始了终极探索，殚精竭虑、倾部门之全部资金来建造世界上最小的烤面包炉。

伪科学在招手

纳米烤面包炉跟传统的宏观烤面包炉相比有些什么优点呢？首先，可显著节省厨房台面的空间。其次，面包单位体积的总热流量跟面包的大小呈反比。因此，烤的面包越小，效率越高。最后，因为纳米烤面包炉的尺寸小于可见光的平均波长，所以不会像一般的烤面包炉搞出鳄梨色那么难看的面包。

但是，在我们能制造世界上最小的烤面包炉以前，首先必须对烤面包炉的功能达成一致。一般来说，烤面包炉当然是烤面包用的，更准确地说，是给一片扁平的方形面包（形态比大致为 10:10:1）加热，直至面包成深黄色且松脆为止。如能烤出不用叉子叉的百吉饼就更厉害了，但这大概超出了目前能想象到的技术水准。本来也可以用塔塔饼的，但它不是首选，因为塔塔饼很好操作，甚至不用达到烤面包炉的基线就能做好，所以这会削弱烤面包炉的全面性能的发挥。

这样的哲学观点不可忽视：创造世界上最小的烤面包炉，即意味着存在世界上最小的面包片。可烤面包片的最小值还没测量过。但在量子范围内，我们必然会碰到基本烤面包粒子，在这里就先自豪地称之为"烤面包子"吧。这种被弃的烤面包副产品，在宏观尺度内会引起许多问题，但是量子级烤面包炉可望消除这种"面包屑"。

图1　作者准备好的纳米烤面包片，放大率为56000。摄/德鲁

图2　三片纳米烤面包片，放大率为56000。摄/德鲁

有问题的实验方法

不难想象，制造和检验纳米装置所需的工具几乎像纳米装置本身一样还只是探索性的。还好，过了不久（当没人注意的时候）作者访问了顶级的、试验性的虚拟超光速粒子流纳米形成系统（VTSN）[1]。根据制造者的看法，用"相信我吧"物理原理，VTSN能处理察觉不出的微量物质。

VTSN 装置的第一个检验——制作肉眼可见的标准烤面包片——是容易实现的。我把一片面包挂在该装置背后的动力设备上方。之后在 VTSN 装置上装上几克回形针，按下适当的按钮，就能得到最好的结果。

在响亮的摩擦噪声响了十分钟后，呼啸停止，并冒出小股白烟，说明纳米烤面包炉制成了。

方便起见，检验烤面包炉所需的纳米尺度的面包片可以从科学面包房邮购。因较小尺寸的面包片暂时脱销，故选用每边 50 纳米大小的面包片。把面包和烤面包炉都倒入一个小烧瓶中，然后晃晃（不是搅拌），我们推测面包片对"招待"它们的烤面包炉的炉门将会有天然的亲近感。

实验的最后一部分，是实际的纳米烘烤过程，要把反应烧瓶放在电炉上加热一会儿。假定电炉产生的总热量大致与惯用的烤箱相同，用前节中描述的比例关系，估计烘烤时间为 100 纳秒数量级（把烧瓶挪走后，我们不可避免地享用了几大杯咖啡）。因为没有"烤焦"的气味，所以没有证据显示本实验显著失败。

荒诞的结论

由于烤面包片的尺寸所限，测不准原理决定了我们不可能准确测量烤面包片是否"烤透"。说实在的，要搞清楚究竟有没有发生过什么重要的反应也不容易。但是我们必须认识到，用本设备来实现烤面包的概率还是存在的，虽然不大。

这个实验对纳米技术的前景有什么启示呢？目前常见的看法分成两派，一派认为纳米技术是新浪潮，另一派则认为纳米技术是个大骗局。据我研究，"纳米技术既是新浪潮，又是一大骗局"的结论才是不可避免了。无限憧憬与现有的模糊结论的有机结合，会引起足够的争议，从而推动未来科学的发展。

注释

[1] 大概一系列的突击检查产生的"违反因果律"使制造商 DEI 公司后来收回了该装置。

6 薯片的气体动力学

本文发表于《不大可能的研究年报》1卷1期（1995年1月/2月号）。

桑福德（Scott Sandford），罗斯（Jim Ross），

萨柯（Joe Sacco），海勒斯坦（Nathaniel Hellerstein）

加利福尼亚州山景城航空芯片研究院

● ●

众所周知，薯片不能扔。但据作者看，薯片的气体动力学性质一定对雷诺数（Reynolds number）[1]十分敏感。因此，在用实物尺寸和实际飞行速度进行实验以前，薯片能不能扔还是未知数。气体动力学实验常用的风洞模型（wind-tunnel models）有点难度，而且在任何类型的建模中显然都会有几何精确度的问题。在薯片模型中，正确的盐度分布、表面粗糙度和棱边形状总是很难重现。因此，我们决定用真薯片做严格的风洞试验。

真实尺寸是必需的，实验是在 24 米 × 36 米大小的风洞里进行的。该设备有两个试验区域，都由 6 个一组的直径 20 米的风扇（共 136000 马力）驱动。图 1 为该设备的示意图。通过适当布置（示于

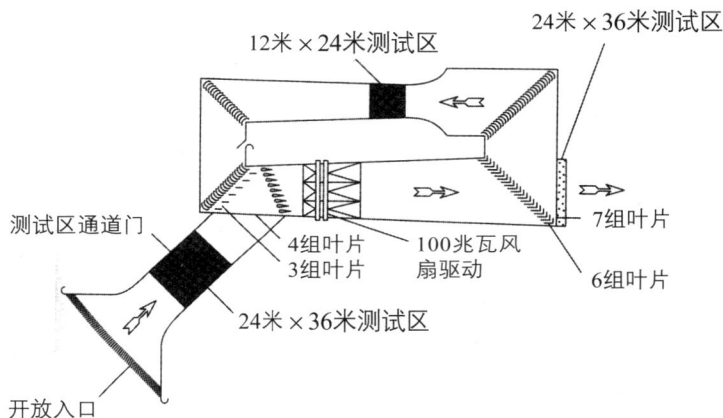

图1　测试设备的横截面图解。

图中的 3、4、6 和 7 组）叶片，选择实验预期的区域，也就是 24 米 ×
36 米和 12 米 ×24 米两段。在这一特定实验中，我们用了一种少见的
新模式：开放仓库模式（open warehouse mode），这些实验是在作者午
休时间进行的，侧面的模型入口也是敞开的。所以当我们用 24 米 ×
36 米试验区的时候，风是从 12 米 ×24 米试验区里走环形吹来的。本
配置中气流质量优良，且天气相当好，在试验区段中基本上可提供零
湍流度（和零速度）。

　　考虑到薯片的气体动力学性质可能很大程度地取决于其形状、
尺寸、重量等，我们试验了不同种类的薯片（见表 1 和图 2）。为了
区分形状和重量的不同影响，我们检查了不同种类的品客薯片，尽
管它们重量和组成各不相同，但形状基本相同。我们还比较了新鲜
和不新鲜的薯片的实验结果，以确定新鲜程度是不是影响因素。我
们用焦·萨柯（Joe Sacco）标准投掷法[2]自 4 米高投掷单片薯片，在

换新品种投之前，投掷负责人 [3] 先测定了没蔫的薯片的新鲜程度，做好记录，[4] 然后测量并记录薯片掉到风洞地面前所经过的距离。从统计学上说，扔出的每种薯片数目没有什么显著差异，但有一个决定因素是：投掷负责人要多久才对被试薯片抽样感到厌烦。

种类	鲜重（克）	陈货重（克）
原味	2.041	2.009
酸奶油和洋葱味	2.092	2.125
清爽牧场味	1.803	1.816
玉米片	2.498	2.628
原味印花	2.726	2.773
法罗鸡蛋玉米片	3.130	—
波纹轻薯片	1.661	—
密封双包薯片	1.410	—

表1　薯片类型和平均重量

图2　研究中用到的各种薯片。

图3 作者简化数据的新方法。这张照片是在风洞内部拍摄的。

扔了一片又一片薯片之后，我们做了进一步实验，以确定紧密"编队"飞行是否会造成摩擦阻力的显著降低。发现情况正如所想后，我们又观察到一袋或一罐薯片比单个的薯片扔得远得多，证据相当确凿。在做完最后的薯片飞行实验后，我们简化了数据（图3），然后把被试扔进了最近的垃圾筒。图4、图5和图6概括了我们的研究结果。图4表明"薯片不能扔"的俗话是不科学的。显然薯片可以扔，不过扔得不是很远。而且，扔的距离基本上与重量、类型、形状都无关。图5表明，蔫了的品客薯片可能比新鲜的飞得更远，但这一结果在统计学上不显著。或许蔫了的薯片因为吸收了更多的水蒸气变重了[5]，所以扔得远。我们还注意到，品客炸玉米片情况相反，且在统计学上显著。我们不理解这种情况，但是我们主要是在做薯片是不是可以扔的实验，所以对玉米的问题没有深究。最后，图 6 为飞行编号与距离的关系曲线，包括整个实验中所有的食物薄片。为了让大家理解我们所有实验用的方法是统一的，请看图：直的水平线是数据的线性拟合，斜率为零，这就说明采用的是稳定的焦·萨柯标准抛掷法；曲线是数据的三阶多项式拟合，并说明，投手随时间有所进步，随后又迅速恶化（也与典型的焦·萨柯标准抛掷法相符）。

因此，我们对"薯片不能扔"这句俗话的实验结果为：

- 薯片可以扔，只是扔得不是很远。
- 扔的距离基本上与薯片的重量、形状或新鲜程度无关。

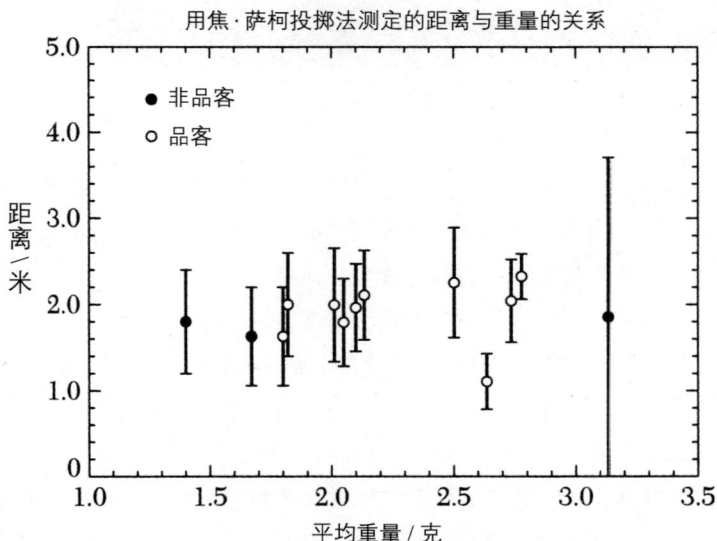

图4 数据显示，薯片是能扔的，就是扔不远。

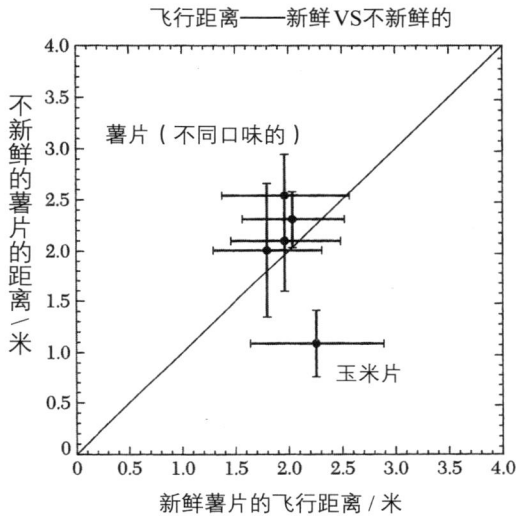

图5 蔫了的品客薯片比新鲜的飞得远的证据，虽然结果在统计学上不显著。

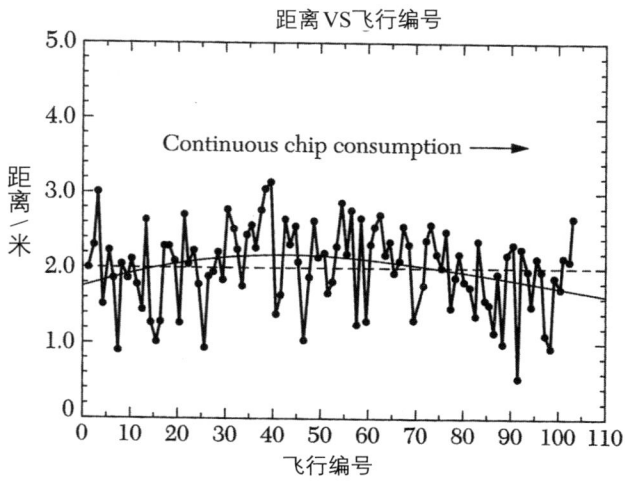

图6 实验数据的综合性细节。

• 薯片"编队飞行"时前进得相当远，大概是因为这样的飞行会降低总阻力。

我们不喜欢品客原味印花薯片，尝起来有煳味。

• Ruffle 波纹轻薯片很轻，但依然比一般的密封双包薯片要重（见表 1）。

薯片生产商和定期短途航班，为安全起见，请忽略以上结果。

技术细节说明

沿此思路作进一步实验的人，在使用风洞时，得让薯片落在它们可以落的地方，这一点很重要。

注释

[1] 也说不定。雷诺数是用来表明流体流动尺度的无量纲数；对所有黏性流体来说，雷诺数是一个十分重要的参数。很难用一般语言定义它。

[2] 焦·萨柯标准抛掷法（Joe Sacco Standard Toss）；该法通过提供最适合各种薯片的独特投掷技术（即没有两种抛掷是同样的），使所有薯片可能进行统一飞行。

[3] 焦·萨柯。

[4] 例如，"松脆可口"、"唔～"、"比波纹的好"，等等（投手拒绝品尝蔫了的薯片）。

[5] 与图 4 结论截然相反的看法。

花生酱对地球自转的影响

本文发表于1993年。

··

编者按：发表论文时，我们特修正了一贯的共同作者政策。以前我们不采用 10 个或以上共同作者的任何论文。许多撰稿人指出，在某些领域，特别是高能物理学和临床医学方面，科研杂志会发表合著者上百或百人以上的论文。因此，我们现在也取消这种限制。

共同作者：奥古斯特（George August）博士、巴利罗（Anita Balliro）博士、巴尔纳巴（Pier Barnaba）博士、A. 巴蒂斯（Anne Battis）博士、C. 巴蒂斯（Constantine Battis）博士、J. 巴蒂斯（John Battis）博士、鲍姆（Nathaniel Baum）博士、贝克特（S.Becket）博士、贝尔（A.G.Bell）博士、贝尔格（Moe Berg）博士、比亚洛斯基（B.J.Bialowski）博士、比斯特（Edward Biester）博士、布莱尔（Joseph Blair）博士、布拉特曼（Ceevah Blatman）博士、布鲁姆（Ken Bloom）博士、伯斯基（I.V.Boesky）博士、邦德利维奇（Dorothy Bondelevitch）博士、博拉特吉斯（Calliope Boratgis）博士、邦达莱（K.T.Boundary）博士、布伦

南（Gerald Brennan）博士、布罗德里克（Nuala Broderick）博士、伯克（James Burke）博士、布特库斯（Richard Butkus）博士、卡特（James Carter）博士、卡特赖特（Alexander Cartwright）博士、凯育（Caren Cayer）博士、琼（Mary Chung）博士、邱吉尔（W. Spencer Churchill）博士、奇科尼（M.Louise Ciccone）博士、克利弗（Theodore B.Cleaver）博士、科尔丁（Selma Frances Coltin）博士、科尔代罗（Carlos Cordeiro）博士、克拉布特里（Theodore）博士、坎宁安（Samuel Cunningham）博士、柯利（James Michael Curley）博士、戴雏斯（Gwen Davis）博士、德拉米尔（Paul Delamere）博士、德博多（R.C.De Bodo）博士、德芒（P.deMan）博士、德福尔（Arthur Derfall）博士、戴弗（Helen Diver）博士、多克托罗夫（Edward Doctoroff）博士、多尔松（Robert Dorson）博士、德鲁克斯（Wayne Drooks）博士、达金菲尔德（William Claude Dukinfield）博士、杜兰蒂（James Durante）博士、戴森（Alan Dyson）博士、伊顿（Raeline Eaton）博士、艾森霍尔（D. D.Eisenhauer）博士、菲尔登（Kent Fielden）博士、芬奇（Elizabeth Finch）博士、弗林（Raymond Flynn）博士、福利特（Charles Follett）博士、福尔谢（KevinForshay）博士、弗雷泽（George Frazier）博士、富尔顿（Katherine Fulton）博士、甘贝（R.J.Gambale）博士、加西亚（Jerome Garcia）博士、加兰（Judith Garland）博士、吉利根（Hannah Gilligan）博士、D.戈德法布（Daniel Golafarb）博士、M.戈德法布（Michael Goldfarb）博士、古德温（Archie Goodwin）博士、戈沃鲁什科（Yulia Govorushko）博士、沙伦（Sharon）博士、格林（Greene）博士、格里菲思（David W.Griffith）博士、古尔本康（Sheldon Gulbenkian）博士、古姆（Frances Gumm）博士、格思里（R.O.Guthrie）博士、盖吉（Kathleen Gygi）博士、哈古宾（Margo Hagopian）博士、汉内（Richard Hannay）博士、J.哈迪（Joseph Hardy）博士、S.哈迪（Stephen Hardy）

博士、哈特奔斯（Gary Hartpence）博士、哈斯克尔（Edward Haskell）博士、霍金斯（S.J.Hawkins）博士、海格（Kevin Hegg）博士、赫尔曼（Lilly N.Hellman）博士、赫茨（Robert A.Hertz）博士、希克斯（Louise D.Hicks）博士、L.霍姆斯（Lyndon Holmes）博士、M.霍姆斯（Mycroft Holmes）博士、O.W.霍姆斯（O.W.Holmes）博士、胡（Tardis Hoo）博士、胡佛（J.E.Hoover）博士、霍顿（E.A.Horton）博士、L.霍华德（Lawrence Howard）博士、M.霍华德（Moe Howard）博士、休（Ginger Hsu）博士、哈布斯（David Hubbs）博士、赫特林格（Loretta Huttlinger）博士、黄（Stanley Hwang）博士、卡斯登（Harriet Kasdern）博士、雅布隆斯基（Susan Jablonski）博士、杰克逊（Mittie Jackson）博士、约翰逊（Rebecca Johnson）博士、D.琼斯（Deacon Jones）博士、E.T.T.琼斯（Edward T.T.Jones）博士、约瑟夫（Conrad Joseph）博士、卡内华（K.T.Kanawa）博士、卡尔普克（Liza Karpook）博士、凯（Daniel Kaye）博士、基勒（William Keeler）博士、凯斯特（Waldemar Kester）博士、凯恩斯（John M.Keynes）博士、科布特（Olga Korbut）博士、克罗克（Susan Krock）博士、劳里多森（Kerran Lauridson）博士、利昂（Nicholas Leone）博士、莱塞（Meg Anne Lesser）博士、莱韦斯克（Lucille S.Levesque）博士、利希特布劳（Joseph Lichtblau）博士、林登（Barbara Linden）博士、利巴（Robert Lippa）博士、洛夫乔伊（Charles Lovejoy）博士、林奇（Frances Lynch）博士、麦卡伦（Thonms Maccarone）博士、马迪根（Maureen Madigan）博士、马奥尼（James Mahoney）博士、马洛尼（Catherine Maloney）博士、迈格雷（Jules Maigret）博士、马尼斯卡尔科（G.Maniscalco）博士、曼奇尼（Ray B.B.Mancini）博士、马克斯（Julius Marx）博士、梅森（Cynthia Mason）博士、马托（James Matoh）博士、A.梅斯（Abigail Mays）博士、Z.梅斯（Zachadah Mays）博士、C.麦卡锡（Charles McCarthy）博士、J.麦卡锡（Joseph McCarthy）博士、

马凯涅（Ann McKechnie）博士、米尔弗顿（Charles Augustus Milverton）博士、米什金（Robert Mishkin）博士、莫兰（Jack Moran）博士、摩根（Charles Morgan）博士、莫舍（Stephen Mosher）博士、马林斯（Lisa Mullins）博士、纳塔尔（Sarah Natale）博士、牛顿（Ned Newton）博士、尼克松（R.M.Nixon）博士、诺坎斯特（Grover Norquist）博士、恩（Ngai Ng）博士、奥马利（Kevin O'Malley）博士、奥洛夫（Joel Orloff）博士、帕特森（Frank Patterson）博士、佩斯基（John Pesky）博士、皮纳（Peter Pienar）博士、皮内（Margaret Pinette）博士、拉维诺（Philip Ravino）博士、雷伯（Celia Reber）博士、罗杰（Bertrand Roger）博士、罗杰斯（Frederick Rogers）博士、罗森布鲁姆（Dexter Rosenbloom）博士、鲁思（George H.Ruth）博士、卢瑟福（Kathleen Rutherford）博士、赖德（Robert Ryder）博士、沙因曼（Ceorge Scheinman）博士、森普尔（Aimee Semple）博士、休梅克（william Shoemaker）博士、斯拉夫斯基（Joseph Slavsky）博士、史密斯（Olivia Smith）博士、西尔弗（Simon Silver）博士、辛普森（Orenthal J.Simpson）博士、斯波丁（Jeffrey Spaulding）博士、斯塔基（Richard Starkey）博士、斯蒂尔（David Alan Steele）博士、斯特鲁契科夫（Y.Struchkov）博士、沙利文（Quentin Sullivan）博士、萨斯曼（Ann Sussman）博士、塔姆斯基（Ezra Tamsky）博士、特莱扎瓦（Kumiko Terezawa）博士、撒切尔（Marge Thatcher）博士、泰森（Mark Theissen）博士、塔克（Marilyn Tucker）博士、特纳（Christina Turner）博士、特威斯基（Brenda C.W.Twersky）博士、F.A.冯·斯塔德（Frederick A.Von Stade）博士、F.S.冯.斯塔德（F.Skiddy Von Stade）博士、瓦纳欣（Bertha Vanation）博士、韦基（William Veeke）博士、弗里尔（Norma Verrill）博士、弗拉霍斯（Y.Y.Vlahos）博士、武克歇克（Marko Vukcic）博士、瓦戈纳（Paul Waggoner）博士、华莱士（Teresa Wallace）博士、沃勒（Thomas Waller）博士、沃德（J.Ward）博

士、沃森（John H.Watson）医学博士、韦德尔（Michael Weddle）博士、温伯格（Merton Weinberg）博士、韦尔克（Lawrence Welk）博士、怀特（Kevin White）博士、A. 威廉斯（Andrew Williams）博士、J. 威廉斯（John Williams）博士、T. 威廉斯（Teodore Williams）博士、W. 威廉斯（William Williams）博士、温（Eileen Wynn）博士、叶（Chin-chin Yeh）博士和扬曼（Ethel Youngman）博士。

就我们目前所能测定的情况来看，花生酱对地球自转没有什么影响。

8 地球中心说

本文发表于《不大可能的研究年报》2卷2期（1996年3月／4月号）。

恩格勒勃莱森（George Englebretsen）

魁北克伦诺克斯维尔主教大学哲学系

"地球中心说国家促进委员会"（The National Committee for the Promotion of Mondocentrism）于 1992 年成立，代表所有认为孕育万物的地球母亲应该处于宇宙更中心地位的人们发表意见。1994 年，委员会委派我领导一个各学科专家组成的研究小组，目标是一劳永逸地确立地球就是宇宙中心。

钩心斗角和暗箭伤人

我们的任务受到了使人痛苦的钩心斗角和暗箭伤人的颇多牵制。真遗憾，但我们也寄希望于天文学家、社会学家和诗人组成的研究组。不过我们已能够最后确定哥白尼是错的，地球确确实实是宇宙

◀118

的中心。哥白尼革命和随后的西方科学史共同构成了残酷骗局，这一骗局长期由一批愤世嫉俗、麻木不仁的科学家及其追随者控制。

好心情有效，真管用

我们研究组其余的人出于社会和政治的考虑（诗人喝醉了，而两个天文学家仅在晚间工作）推断，"地球中心说"作为美国政府官方立场，将会使社会经济和教育都受益。首先可立即解散美国航空航天局（NASA），从而节省以十亿美元计的资源消耗。其次，也许最重要的是，美国学生在数学和科学方面就有可能超过其他国家的学生了。

相对于外国学生来说，美国学生在科学方面的表现不尽如人意，我们可以证明，这多半应归咎于这样的事实：科学家和科学教育工作者不仅没有把自己的家园——地球——置于万物中心，反而还向学生们灌输低人一等的观念。我们能充分证明，当学生对自己的家园感到称心如意，他们也会对自己满意；如果他们自我感觉良好的话，他们就会更注意学习了。如果地球处于宇宙的中心，那么我们就处于宇宙的中心，心情得多好啊！

天文学家的指导思想往往不对头

我们研究组的一位天文学家曾力图断言我们不是真正的科学家（两位天文学家都极为高傲，自始至终目中无人）。他认为我们不能拿古老的"地球中心说"的天体运转轨道和本轮说事，应该力争用各种方式确定各种天文学周期性（或一些这类的骗人鬼话）。我们最后明确地告诉他，美国人一旦对地球和自己感觉良好，就不会有人再关心宇宙的其他了。

9 龙卷风与活动住房的相关性

本文发表于《不大可能的研究年报》1卷4期（1995年7月/8月号）。

弗兰克·伍（Frank Wu）

威斯康星州麦迪逊威斯康星大学

在各种灾害中，有些州特别容易受龙卷风和飓风之害。有经验的气象学家认为，堪萨斯州频受龙卷风袭击，是因为落基山脉成直线排列、美国大平原很平坦，以及盛行风风向的影响[1]。他们错了。这种分析是不完全的；没考虑到这种流行观念：只有那些活动住房（mobile homes）多的州，龙卷风才常见[2]（见图1）。下面我想证明关于龙卷风的常见观点的正确性，并使之量化。

方法

对龙卷风和飓风数[3]与活动住房年收益[4]进行了逐州比较。

龙卷风与活动住房

　　表 1 和表 2 的数据是把各州面积标准化后的结果 [5]。在活动住房比较多的州，龙卷风和飓风的确非常频繁。比如排名前 11 位的州中，有 8 个州活动住房和龙卷风都很多。此外，佛罗里达州的暴风最为严重，活动住房年收益在国内也居第 3 位。印第安纳州龙卷风位于第 2 位，活动住房则位居第 1 位。[尽管，印第安纳波利斯 500（每年在阵亡将士纪念日于印第安纳举行的 500 英里的汽车赛）对大气状况有什么附加影响不大清楚。但汽车以高速沿着一个不大的椭圆形轨道不断地兜圈子——这种行为正符合每年旋风季节开始的场景。]

1. 印第安纳州	8.13
2. 佐治亚州	5.43
3. 佛罗里达州	4.65
4. 北卡罗来纳州	4.41
5. 阿拉巴马州	4.11
6. 宾西法利亚州	2.91
7. 得克萨斯州	2.16
8. 密西西比州	1.96
9. 堪萨斯州	1.72
10. 加利福尼亚州	1.31

表1 每平方英里的活动住房年收益。这些州是美国活动住房年收益总和最高的州（以每平方英里1000美元为单位），数据据信是1982年的。在"参考文献"的某条或某几条里可能有详细情况。至于准确性，提都没提，也没必要提。

州	龙卷风和飓风（年平均）	农村地区面积（千平方英里）
1. 佛罗里达州	7.51	27.1
2. 印第安纳州	5.51	35.9
3. 堪萨斯州	5.10	81.8
4. 密西西比州	4.82	无限[11]
5. 得克萨斯州	4.68	37.4
6. 内布拉斯加	4.66	77.7
7. 阿拉巴马州	4.07	50.8
8. 威斯康星州[12]	3.44	54.4
9. 佐治亚州	1.72	2.40
10. 俄亥俄州	1.31	3.40

表2 与农村地区面积比较的暴风数。这些州是美国每平方英里龙卷风和飓风数最高的州。暴风数据是1953—1990年的平均数，农村地区面积是以1000平方英里为单位的，1987—1995年的平均数。在准确性和影响级别方面的细节可能有点差别。

大城市的不相关性

虽然活动住房停歇处的存在与龙卷风有很强的相关性，但还不理想。为了说明这一缺陷，我分析了另一种流行神话，即大型城市比较多的州龙卷风比较少的看法——据说大楼起到了挡风效果。为了检验这种说法，我把每个州的农村地区面积[5]除以大城市数（拥有250000以上人口——见参考文献5）；见表2。龙卷风的发生似乎既与活动住房数有关，又与大型城市不多有关。如堪萨斯州，农村地区面积巨大，达 81800 平方英里，虽然在活动住房表中位居第 9，而在龙卷风表中则高居第 3。农村地区面积 77700 平方英里的内布拉斯加州在活动住房表中位居 16，而在龙卷风表中为第 6 位。相反，加利福尼亚州有许多大型城市（大城市之间的面积总共仅 19500 平方英里），遭受龙卷风极少（每 10000 平方英里年平均仅 0.25 次龙卷风）。当然，加利福尼亚虽然暴风不多，但却有大量高震级的地震。

但奇怪的是，阿拉斯加、蒙大拿和怀俄明等几个大的州，尽管农村地区面积很大，但却很少发生龙卷风。这可能是因为被龙卷风袭击过的活动住房停歇处比较少，或者是没什么人观察到。或是别的什么原因。

龙卷风与录像机销售额

最近又有一种和龙卷风有关的传说：录像机销售额的上升不知怎么也带动了龙卷风的出现 [8]，大概龙卷风是"摆好姿势"准备被拍吧。为了验证这一牵强的假说，我把录像机销售额 [9] 与最近龙卷风发生情况 [10] 作了对照，居然真的有正相关关系（见图，略）。

要避免的结论

1. 可以用真实的统计资料对所有关于龙卷风的轻率流言进行实际验证。

2. 如果你要造房子，我建议造坚固点，选址要靠近城市，远离活动住房，躲在大岩石后面，而且别让带摄像机的人靠近，以防上述任何一种观点确实是真的。

注释

[1] *News York Times*，April 28，1991，p.22.

[2] Cecil Adams，"The Straight Dope，" *In Isthmus*（Madison，Wisconmin），January 14，1994，p.30.

[3] *Storm Data*，Volume 32，Number 12（December 1990）. National Climactic Data Center，Asheville.N.C.P.1-12. 仅包括有活动住房数据的一些州。

[4] *1987 Census of Manufactures, Industry Series, Wood Buildings and Mobile Homes*，Industries 2451 and 2452，Dept.of Commerce，Bureau of the Census，p.24D-10. 遗憾的是，有些州没有包括在这个已发表的资料里。

[5] *World Almanac and Book of Facts*（1991），Pharos Books，New Yolk，pp.619-643.

[6] 一致同意略去参考文献。

[7] 一致同意略去参考文献。

[8] *The Capital Times*（Madison，Wisconsin），July 7，1994，p.3A.

[9] "Annual Statistical and Marketing Reports，" *Dealerscope Merchandising*，May，1994，p.33；March，1992，p.27.

[10] *Stom Data*，Vol.34，No.12，December，1992，p.92.

[11] 无穷大。

[12] 威斯康星以奶酪驰名。

10 今后被外星人绑架的低概率

本文发表于《不大可能的研究年报》1卷2期（1995年3月/4月号）。

芬戈尔德（Finegold）

宾夕法尼亚州费城德雷克塞尔大学物理系

人们老是担心被外星人绑架。[1] 雅各布斯详细报告 [2] 了他的一些诱导型催眠回溯访谈（被试会回忆起过去）。这些被试声称曾被外星人绑架到 UFO（不明飞行物）上去过。

被试的生日数据分析表明，只有 1970 年前出生的人才会被绑架。因此，人们可以颇有把握地臆断，今后被外星人绑架的概率很低，甚至为零。

数据分析

为何不同描述的报告却这么相似呢——都明确表示他们真被 UFO 上的外星人绑架过 [3]。针对这一问题，雅各布斯作出了简洁精致的解释。他的著作 326 页附录 B 还给出了一份被绑架者名单，以及各人的出生年份。

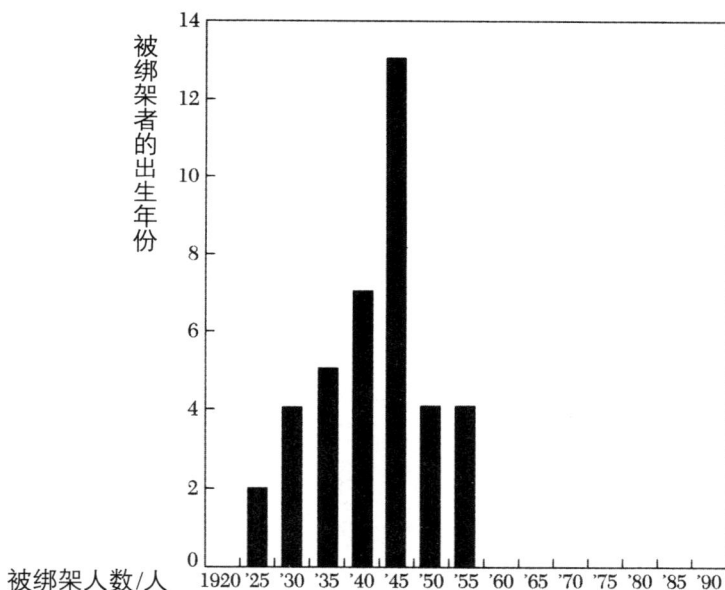

图1　每5年期间被绑架者的数目与他们的出生年份的关系。

一些技术说明

催眠术回溯访谈始于 1985 年，雅各布斯的著作出版于 1992 年，因此该访谈过程约在 6 年时间内完成（有些被绑架者在被绑架时还不到青春期；其中有一个只有 6 岁）。抽样时间很短，可以跟所报告 35 年的出生时段相对照，所以 1969 年以后被绑架的发生率为零是真实的。遗憾的是，雅各布斯似乎没有引用这个研究的第一份报告的原始资料，我手头的那本雅各布斯著作似乎缺少索引。

必须指出的重点是：1930—1965 出生人群的绑架高峰之后就下降了，1969 年以后出生的完全没有人被绑架过。因此，不管原因是什么，外星人不再绑架 1969 年后出生的人了 [4]。由于美国人口在这一时期几乎成指数增加，因此平均下来的十万人口中的绑架比例下降得比下图所示还要快。

结论

我们可以有把握地推断，被 UFO 绑架的危险已成过去。[5]

注释

[1] 关于法律方面危险的分析，见本期《不大可能的研究年报》的"法律评论"。本书没有包括这个报告，你得去图书馆借阅。

[2] D.M.Jacobs，Simon & Schusler，*Secret Life:Firsthand Acounts of UFO Abductions*，New York，1992. 这本书的主题是，外星人会把人类绑架到 UFO 上，进行有性生殖。该书有马克的前言（本书理所当然使雅各布斯和马克博士获 1993 年搞笑诺贝尔心理学奖）。雅各布斯在坦普尔大学任教。马克在哈佛医学院任教。

[3] 必须着重指出的是"外星人"（Aliens）不是指"非美国的"，"非法国的"等等，而是指"地球外的"。被"外国人"绑架的详细情况资料，不在本讨论中。

[4] 该书的主题是外星人会短暂地把人类到 UFO 上去，进行有性生殖，我碰巧是关于 UFO 研究的《康登报告》（Condon Report）作者康登（Edward Condon）的同事，并在 UFO 调查期间跟他讨论过（作为一名睦邻友好的固态物理学工作者）。我诚心断言，在外星人和 UFO 这件事情上，雅各布斯的书可以教我很多，而且是我以前一无所知、现在也没什么概念的事。

[5] 至于我嘛，我可以轻松愉快地告诉大家，因为生的时候好，我已经完全没有被绑架的危险了。

科学八卦

浓缩100%内幕新闻
德鲁 汇编

▶ 高级垃圾

在预算被大幅度削减之际，（美国航空航天局 NASA）的管理人员变得越来越有创造性了，他们提出了一个筹集资金的新招数。NASA 有一套差不多完整的关于 10000 多片留在轨道上的人造物碎片目录。付费 150 美元（一位管理员告诉我们："我们所以选定这个价码，是因为似乎比较公道。"），NASA 就可让某个人命名和拥有一片轨道碎片。如再付一笔费用，NASA 的观测卫星将把该碎片最终进入大气层的火爆场面录在录像磁带上。如再付一笔费用，可以跟踪并收回残存的碎片，并将其送到所有者的家里。下个月将宣布整套价格一览表。

这些条目收集自《不大可能的研究年报》各期。
德鲁 汇编

▼ 粘住的成果

"失败动力学中的确定性混沌：胶带剥落的动力学"（Deterministic Chaos in Failure Dynamics: Dynamics of Peeling of Adhesive Tape），洪（Daniel C.Hong）和苏（Su Yue），《物理评论快报》（*Physical Review Letter*），1995 年，74 卷，254～257 页。[感谢调查员狄恩（Claude Dion）提供本条和下面一条的线索]

▼ 空中的纸

"落纸反应"（Behavior of a Falling Paper），田边（Yoshihiro Tanabe）和金子（Kunihiko Kaneko），《物理评论快报》，1994 年，73 卷 10 期，1372—1375 页。

▼ 不"上火"

"鸽子头的冷却能力"（The Cooling Power of the Pigeon head）劳伦特（Robert St.Laurent）和拉罗谢勒（Jacques Larochelle），《实验

生 物 学 杂 志 》(*Journal of Experimental Biology*)。1994 年，194 卷，329 ~ 339 页。[感谢调查员福克斯（Zen Faulkes）提供线索]

▼ 维修

"救助不可救药的人"（Correcting the incorrigible），希尔谢默（G.Von Hilsheimer）、菲尔波特（W.Philpott）、巴克利（W.Buckley）和科尔茨（S.C.Klotz），《美国实验室》(*American Laboratory*)，1977 年，107 卷，[感谢德文（Kevin Devine）提供线索]

▼ 水桶里的电球

"实验室产生的球状闪电"（Laboratory-Produced Ball Lightning）小 科 尔 卡（Robert K.Golka Jr.），《 地 球 物 理 研 究 》(*Geophysical Research*) 杂志，1994 年 5 月 20 日，99 卷 D5 期，679—681 页。[感谢克林纳（Dahv Kliner）提供线索]

作者试图把 150000 瓦、10000 安培的变压器在水桶里短路，产生球状闪电，结果产生了火球……发出咝咝的呼啸声并在水面上兜圈子……我甚至看见一些规则形状的小火球离开水面……这些发光的火球时而跳出水桶滚到地面上……

我们热诚欢迎你对本栏目提出建议。请附全部引文（不要节略！）和论文复印件。

按：这些信件收集自《不大可能的研究年报》各期。这只是作者本人的看法，其他人不见得赞同。

▼ 近日看见的冒失鬼

在塔利姆（Peibröem Thalim）的"关于埃（一亿分之一厘米）的 211 件趣事"中，宣称"阿基米德是第一个从夸克视角观察宇宙的人"。这是不对的。我才是第一个以夸克视角观察宇宙的人。那是 1962 年，在发现夸克后不久，我和妻子在报纸上——《每日电讯报》上看到夸克的消息，当时她正为我煮咖啡。

托多普罗伊斯（LyLe V.Todpreuss）博士

英格兰布赖顿

▼ 核物理学

关于"夸克"（quark）到底怎么发音，一向争论激烈，但都未抓住最重要的准则：英语的韵律和含义的墨菲法则（Murphy's law）。如果"work"与"pork"不押韵，为什么"quark"却与"park"押韵？关于"quark park"的所有争论同样适用于并不押韵的"pork work"。是不是"quark"既与"park"押韵，又与"pork"押韵，也就是说，有时候它是指基本粒子夸克，另一些时候是指通常流行意义上的奶酪？只有墨菲知道。

答案明显在于，忘掉这种扯淡的押韵吧，注意单词的开头就能真相大白了。"quark"中的"quar"发音跟"quart"、"quarrel"、"quarter"和"quarry"中的"quar"相似。"work"中的"wor"发音与"word"、"world"、"worm"、"worry"甚至"worse"中的"wor"相似。所有的"quar"发音都相同，所有的"wor"发音都相同。问题迎刃而解。

现在就不用管墨菲了，别忘了在布鲁克林区，他的姓被读成"莫伊菲"呢。当然墨菲法则并不是真的由墨菲发明的，而是跟他同名的另一个人创造的。

利普金

以色列雷霍沃特魏茨曼学院

chapter 5

新化学

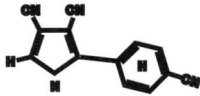

很早以前，美国有电视广告曰：

没有化学，生命就不可能存在。

我们杂志一直对这句文案佩服得五体投地。它表达了一切，又什么都没表达。它是废话，又很正确。

不管怎么说，没有化学，就不会有这一章，或至少形式不一样了。说到化学，似乎有点吓人，会让人想到冒气泡的试管、像德语那么复杂的成串的化学名称，还莫名其妙带着数字。据说，搞化学的人死亡率都比其他行业高——这就是公众眼中的化学。因为某些充分的原因，年轻的医学预科生，从心底里对化学和"有机化学"感到恐惧。

化学其实并不可怕，化学家们都知道怎么玩得开心，就算他们改了行都还记得那些开心的日子呢。再说，化学对普通人都很有用。看看桑福德（Scott Sandford）的"苹果与橘子：光谱比较"（Apples and Oranges-A Spectrographic Comparison）一文，下次要有人指责你"拿苹果跟橘子比"，你不妨拿出桑福德这件简明犀利的武器。

科学家／超模对称小姐用"请教对称小姐"（Ask Symmetra）栏目来为人们答疑解惑。对称小姐被誉为"有模特经验和现代化学知识的安·兰德丝（Ann Landers，美国20世纪40年代开始的热门生活建议专栏作家）"，这样的称誉并不为过。

"人的智力到底怎么测量"这个常年争论不休的问题，现在终于有了结论。化学家赫施巴赫完成了一项伟业，而弗洛伊德（Freud）和《钟形曲线》（Bell Curve）的信徒，以此为名的奇书作者赫恩斯坦（Richard Herrnstein）和默里（Charles Murray）就不能相提并论了。他用量子物理化学原理来解决这个问题。你可以在"智商的量子解释（IQ的QI）"一文中看到。

卡斯威尔（Alice Shirrell Kaswell）对默默无闻的学术杂志一向多有关注。在"克劳馥的发现"（Cindy Cranford Discovers）中，卡斯威尔提出了很多从来没有被科学新闻报道过的重要发现。

这里还有两份合适中学生的教辅材料，罗斯（Robert Rose）的"政治正确的元素周期表"（Politically Correct Periodic Table of the Elements）和会把老师们吓到的刮刮香海报。

实验设备都越来越贵了，对此有点想法的人应该会很高兴看到卡恩（David Cann）和普鲁纳（Phillip Pruna）的"静电印刷放大显微技术（XEM）"（Xerox Enlargement Micrography）的报告。卡恩和普鲁纳淘汰了老套精巧的电子显微镜。

苹果与橘子：光谱比较

本文发表于《不大可能的研究年报》1卷3期（1995年5月/6月号）

桑福德

加利福尼亚州莫菲特菲尔德

美国航空航天局艾姆斯研究中心

我们都遇到过这样的讨论，为了说明或者强调观点，讨论的一方会拿一些大家都熟悉的事物来打比方。这种策略有时候也不见效，会被说成"你是拿苹果跟橘子比呢！"人们都觉得这两种水果是不能比的，所以这么一说就能否定你的比喻了。

尽管如此，我仍然觉得，完全放弃把苹果跟橘子相比，是有点问题的。

首先，把有些事物比成苹果和橘子，这种陈述本来就是个比喻。也就是说，指责别人比得不恰当，本身就是不恰当的比较，就跟拿苹果和橘子比一样。而且更重要的是，不难证明，苹果与橘子其实是可以比较的。（见图1）

材料和方法

图 2 所示为澳大利亚绿苹果与熟透的脐橙的 4000 ~ 400cm^{-1}
（2.5 ~ 25μm）红外透射光谱的比较。

两个样品都放在对流干燥箱中，在低温下烘干数天，然后把干
燥样品与溴化钾混合，在小的滚珠轴承磨中研磨 2 分钟。再把所得
的每颗 100 毫克的粉末压成直径 1 厘米、厚度约 1 毫米的圆片，然
后用 740 型尼科莱 FTIR 分光计以 1cm^{-1} 分辨率测定光谱。

结论

苹果和橘子不仅很容易比较，而且可以看出，它们还很相似呢。

所以，用"拿苹果跟橘子比呢"来辩论的方法是不合适。这个
发现多少有点惊人，而且应该会对以后的辩论策略影响深远。

个人按语

就说我吧，我打算把图 2 复印一份，随身携带，下次再有人指
责我拿苹果和橘子相比，我就把这张纸拿出来说："看——这就是苹
果和橘子的比较！"他们肯定只能哑口无言。

图1 一只澳大利亚绿苹果和一只熟透的脐橙。

苹果VS橘子

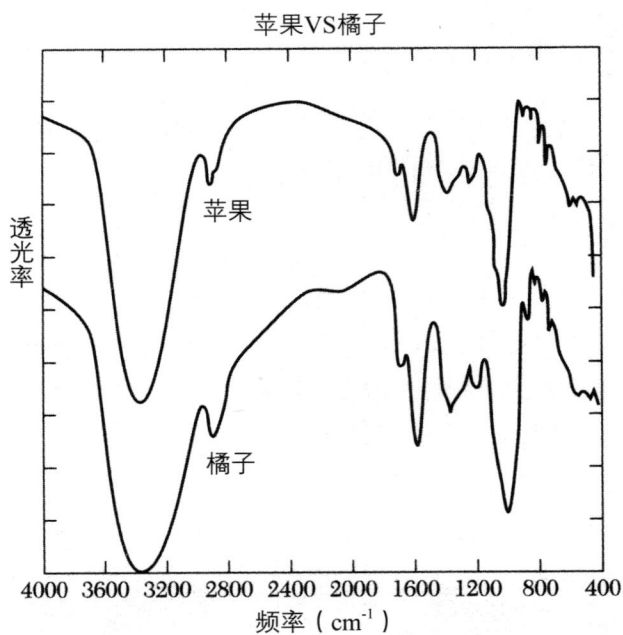

图2 澳大利亚绿苹果和熟透的脐橙的4000–400cm^{-1}(2.5–25μm)红外透射光谱的比较。

静电印刷放大显微技术（XEM）

本文发表于《不大可能的研究年报》1卷2期（1995年3月/4月号）。

卡恩和普鲁纳

宾夕法尼亚州州立大学材料研究实验室

宾夕法尼亚，大学园区

现在有了一项革命性的新显微技术：用一般的复印机就能获得亚原子级的分辨率。以前，高分辨率是通过投射电子显微镜（TEM）、原子力显微镜（AFM）达到的。要打破这些老办法的极限，就需要彻底的思维革命。本文作者提出了静电印刷放大显微技术（XEM），这一技术将使高分辨率显微技术达到又一个新的激动人心的高度。见图1。

方法说明

该新技术有不少突出的优点。首先，它极其简单。图2为流程图。大多数实验室都有复印机，所以不需要额外费用。大多数机器的操作成本约为每页 5 美分，显著小于当前操作 TEM 或 STM 的费用。

样品完全不需要预加工。图 3 为放大 15392 倍的铁电钛酸钡（$BaTiO_3$）的 XEM 显微照片。这是由粉状 $BaTiO_3$ 用校对／装订型 1090 静电印刷复印机得到的显微照片。而 1090 静电印刷的最大放大率为 155%，故需要放大 22 步以达到 15392（$1.55^{22}=15392$）倍。

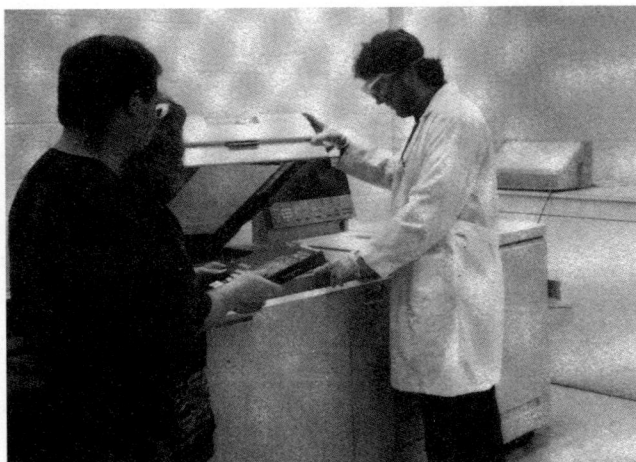

图1　技术人员正在用标准复印机实践静电印刷放大显微技术。

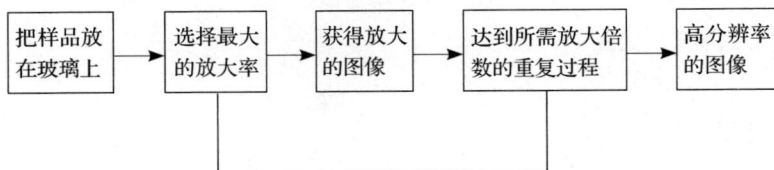

图2　XEM实验过程流程图。

能校对和装订的XEM

更完善的 XEM 装置，还有校对和装订功能。就作者所知，它是其他高分辨率成像技术都无法比拟的强有力工具。

超高分辨率XEM：氢原子的图像

把氘化磷酸二氢铵（$NH_4H_2PO_4$）的样品放大 48 次，获得了惊人的 1367481 倍放大率。单个氘离子首次得以成像，如图 4 所示。就像我们看到质子－中子核和轨道电子的"量子模糊"，就能深切感受到海森堡测不准原理。

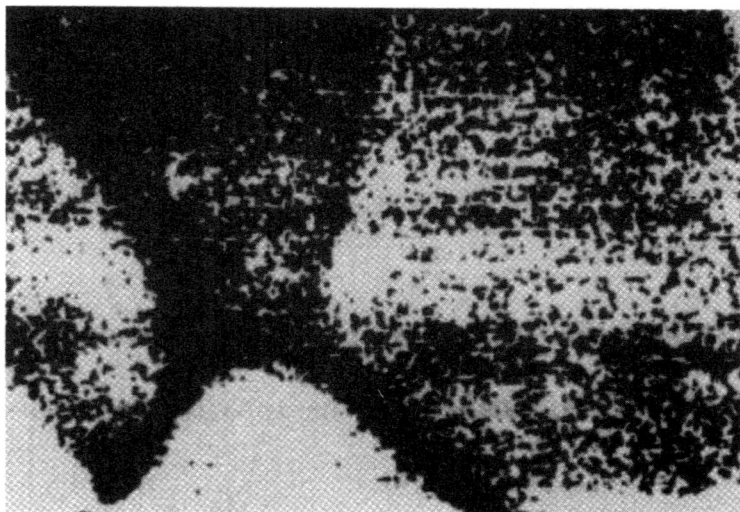

图3　放大15392倍的钛酸钡（$BaTiO_3$）的XEM显微照片。

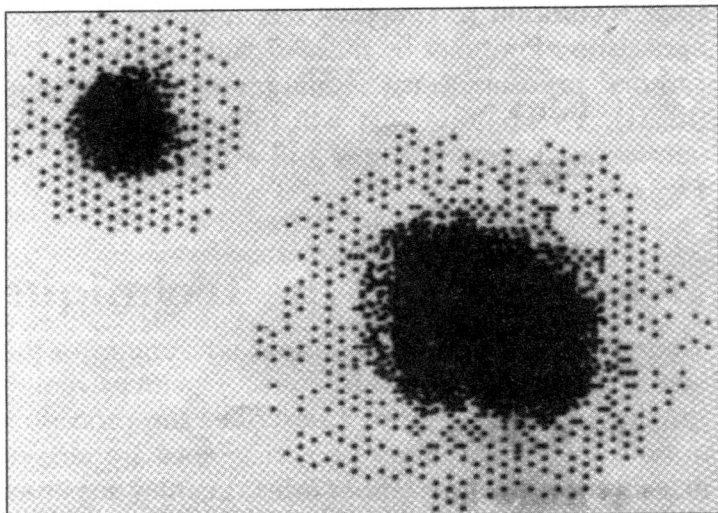

图4 单个氖离子的XEM显微照片。

结论／未来的工作

　　这里提出了一个简单又廉价的高分辨率技术。进一步的研究工作有两部分：首先，理论工作者正在研究从 XEM 图像取得衍射数据的可能性，其次，实验人员正试图通过 XEM 探究核子，并验证夸克的存在。

注释

　　1.《光学》（ *Opticks* ），牛顿（ Isaac Newton ），1704。

　　2.1090 静电印刷操作手册（ *Xerox 1090 Operation Manual* ）。

　　3. 蒙古专利号 1993，4。

　　4. 与兰德尔（ Clive A.Randall ）博士的私人通信。

请教对称小姐:
复杂问题的精巧解决办法

这些条目收集自《不大可能的研究年报》各期。

对称小姐：科学家/超模。《不大可能的研究年报》编辑

我的未婚妻极渴望找到能衬她深褐色眼睛的颜色，我们下个月就办婚礼了，就等着天气变暖了。你能推荐点不庸俗的东西吗?

——A.O

为什么不试一下普鲁士蓝一类的物质? 它具有 MCNM 式的球棍式立体分子结构。当然你选择的金属和其氧化物形态会影响磁性。如使用 Ni^{II} 和 Cr^{III}，也就是用 $CsNi[Cr(CN)6].2H_2O$，该材料是临界温度为 90K 的铁磁体。努力搞点来。她的亲戚肯定会表扬你的，朋友们也会很高兴，婚礼就有个美好开始了。

亲爱的对称小姐:

我爱人在厨房里的行为习惯正威胁着我们的婚姻。我喜欢多做

点菜，但是她老是把剩菜一直放在冰箱里，我怕这些剩菜腐败变质，或是爆炸。我们的婚姻还有救吗？

——P.F.

食物像金钱、性和婆媳关系一样，是许多夫妻吵架的焦点。我倒不担心剩菜腐败变质——虽然我也老这么干。至于爆炸，与爆炸有关的性能参数是爆炸的速度和压强。其方程式为：

$$爆炸速度 = 1.01\sqrt{NM^{\frac{1}{2}}Q^{\frac{1}{2}}(1 + 1.3\,\rho_o)}$$

$$爆炸压强 = 15.58(\,\rho_o)^2NM^{\frac{1}{2}}Q^{\frac{1}{2}}$$

式中，$N=$ 每克爆炸物气体的摩尔数，$M=$ 气体的平均分子量，$Q= \triangle H_0 /$ 克，$\triangle H_0$ 为在标准温度和压强下分解产生 CO、N_2 和 H_2O（气）的自由能，$\rho_0=$ 初始密度。

让我大惑不解的是，你们为什么都不想吃剩菜呢？我可以推荐一个婚姻咨询师——你们要么吃剩饭，要么偶尔去下馆子得了。

亲爱的对称小姐：

我美好的新伴侣刚搬来和我同居。这位灵魂伴侣喜爱我的发质柔软如丝，但不喜欢头发的颜色，希望我能染个色。我以前从来没有染过头发呢，你能指导我吗？

——N.P.E.

分两个方面看。首先，同居跟约会性质完全不一样。其次，和过氧化氢有关的化学反应是相当不稳定的：

$$2H_2O_2 \rightarrow 2H_2O+O_2 （气）$$

它分解速度很慢，但是尘埃、溶解的化合物和其他杂质都能催化这个反应，光也能加速反应，所以一般都存在深色瓶里，这点你可要记牢了。

我认为，如果你能搞定卫生间里谁应该用什么的问题，这个也就不在话下了。祝你成功！

如果你要向科学家／超级名模对称小姐请教，请把问题寄到：美国 02238 马萨诸塞州坎布里奇 380853 邮政信箱《不大可能的研究年报》"请教对称小姐"。由于邮件太多，概不受理私人邀请。

科学演示：给化学系初中级学生的刮刮香纸

本文发表于1993年。

福曼（LaDuc Foment）

《不大可能的研究年报》编辑

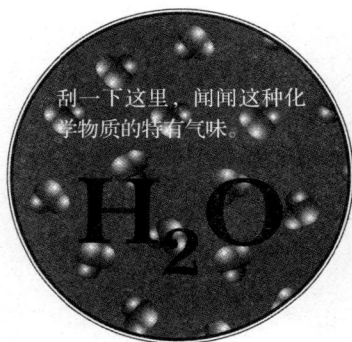

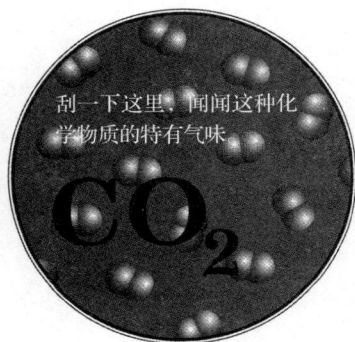

这张特别的图是利用3M公司的微型胶囊技术制作的。

智商的量子诠释（IQ的QI）

本文发表于《不大可能的研究年报》1卷1期（1995年1月/2月号）。

赫施巴赫

哈佛大学化学系，1986年诺贝尔化学奖得主

　　关于怎么解释智商（IQ）分数，人们已经争论了80年[1]。而且这些解释也缺乏显著的观测数据，譬如最近发现[2]，听莫扎特的音乐，智商会短时提高近10分。下面是我总结的由量子物理学引申出来的新诠释——"IQ的QI"。

　　我的基本假设是，智商取决于我们脑中的振动分子。脑子里的各种分子，肯定以各种频率振动着。简便起见，我用了爱因斯坦1907年在处理固体热容量的著名论文中用的近似法[3]。这相当于一个谐振子的净作用，振动频率F与K／M的平方根成正比，常数K代表振动组织的刚性（从轻薄的到坚固的），M代表有效质量（从头部轻的到头部重的）。尽管准确方式成还需要实验确认，但就当前的定性讨论来说，可以认为IQ与振幅成正比。

图 1 表明振子最低的 3 个容许的量子态的振幅的概率分布，分别标以量子数 n=0，1，2。这种波动的最大值的位置和数目都很不同，各种状态的相对数目取决于 F/T 的比值，其中 T 是环境决定的有效温度。

如果 T 比 F 低很多，那大多数振动分子属于称作基态的、n=0 的最低能态。其振幅的概率分布曲线的确恰恰是与 IQ 分布曲线相同的钟形曲线。根据惯用的 IQ 量表，峰值相当于 IQ=100。而一个标准差范围的分数，即 IQ=115 和 IQ=85，各相当于经典力学所容许的区域内（在虚线抛物线内）的最大和最小振幅。超过该区域的振幅，尽管不能在经典力学里成立，但量子力学里是可以的。不过其概率迅速降低。这是著名的"隧道效应"（tunnel effect）容许量子粒子潜入其能量不足以到达之处的结果。在基态，获得"115 以上 IQ 的总概率约为 16%。IQ 高于 150 的人，通常被认为是"天才"，这个概率仅为 0.04%，相当于每 100 万人中仅 400 人。

幸而这种"隧穿增强作用"（tunneling enhancement）不是达到高智商的唯一途径。如果温度比特征频率高，振动的脑浆会更多地逗留在激发态，而不是停留在基态。如图 1 可见，在激发态中，概率分布的最大值向更宽的振幅移动。经典力学容许的区域也变得比在基态大得多，增加到倍。单是由于这个系数，115 的基态 IQ 就增大到 n=5 的激发态的 150。这说明"温度增强作用"（temperature enhancement）与隧穿增强作用同样对人的智力有重大的作用。

不管激发态如何波动，概率分布之和由其数目加权的各种状态实际上仍与基态一样具有钟形。但据图反映，与温度有关的激发态个数的分布宽度较宽。

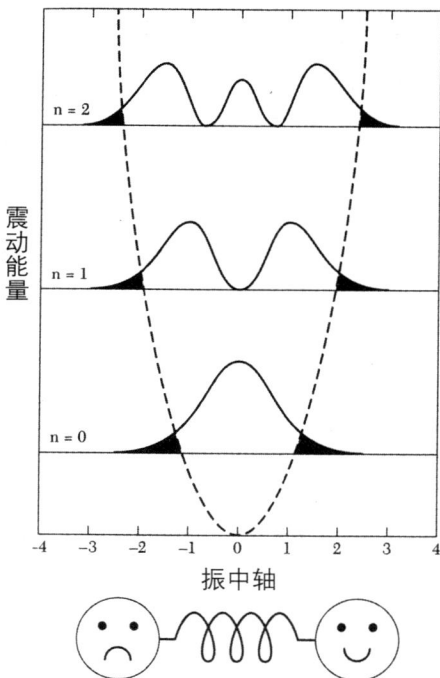

图1　横轴为振幅，纵轴为震动能量

这一 IQ 的 QI 的含义和结果很好理解，即使是智商远低于平均值的人也能明白。我想着重指出的是：

1. 比率，F/T 的含意可以给以前的遗传与环境关系的讨论画上句号了。有人生来就脑袋坚硬如岩石（K 值大）或是生来就身轻如燕（M 值小），频率 F 就会大，振幅就小。不过如果"热"的智力环境提供足够大的 T，那 F/T 比还是不错的。

2. 人们在智力激发条件下能清楚感觉到智商猛涨，松弛状态下也有效果。就像推小孩荡秋千一样，用力猛推或是合拍地轻推，振幅都能很大。莫扎特音乐的神秘效应肯定是由这种谐振的轻柔推动导致的。

3. 因为任何振子都能伸能屈，所以隧穿效应和温度效应也能同样降低智商。这就能很好地解释一种常见现象：聪明反被聪明误（心理学家应该为自己不懂量子力学而无视这一事实而感到惭愧）。

注释

[1] Herrnstein and C Murray，*The Bell Curve*.R.J，New York：The Free Press，1994.

[2] F.H.Rauscher，G.L.Shaw，and K.N.Ky，"Music and Spatial Task Performance,"*Nature*，vol.365，1993，p.611.

[3] A.Einstein，*Annalen der Physik*，Vol.22，No，180，1907.

6 政治正确的元素周期表

本文发表于1993年。

罗斯

马萨诸塞州坎布里奇

麻省理工学院材料科学系

· ·

为了保障公众的健康和福利，我们必须消除有毒物、污染物和放射性物质的一切来源。同位素和人造元素是不能容忍的，温室气体和高血压的源头也一样。有性别歧视的命名在现代尤其不可姑息。

在元素周期表上把修订标示出来，就可以解决这些问题了。

1 H																	2 He
3 Li	*T*											*T*	*G*	*P*	8 O	*H*	10 Ne
B	12 Mg											13 Al	14 Si	*P*	*P*	*H*	18 Ar
19 K	20 Ca	21 Sc	22 Ti	23 V	*P*	25 Mn	26 Fe	27 Co	28 Ni	29 Cu	30 Zn	31 Ga	32 Ge	*T*	*S*	*H*	36 Kr
37 Rb	38 Sr	39 Y	40 Zr	41 Nb	*S*	*R*	*S*	45 Rh*	46 Pd*	47 Ag*	*T*	49 In	50 Sn	*T*	*S*	*H*	54 Xe
55 Cs	56 Ba	57† La	72 Hf	73 Ta	74 W	75 Re	76 Os	77 Ir*	78 Pt*	79 Au*	*T*	*T*	*T*	83 Bi	*R*	*R*	*R*
R	*R*	††	*A*	*A*	*A*												

†Lanthanides	58 Ce	59 Pr	60 Nd	61 Pm	62 Sm	63 Eu	64 Gd	65 Tb	66 Dy	67 Ho	68 Er	69 Tm	70 Yb	71 Lu
††Actinides	*R*	*R*	*R*	*R*	*R*	*R*	*R*	*A*	*A*	*A*	*A*	*A*	*A*	*A*

注意：对同位素应该零容忍。

T ——有毒元素

P ——污染物

S ——性别歧视的命名

B ——危险元素——使血压升高

G ——温室气体来源

H ——不容许的卤素——见上表

R ——不容许的放射性元素

A ——没有事先批准就不容许的人造元素

* ——应对这些元素征收附加税

克劳馥的发现：
科学的表面价值

本文发表于《不大可能的研究年报》1卷6期（1995年11月/12月号），主要是1995年9月号《红宝书》的研究成果。

卡斯威尔

《不大可能的研究年报》编辑

在这个固定的栏目中，我总结了《时尚》（*Cosmopolitan*）、《服饰与美容》（*Vogue*）、《智族》（*GQ*）和《纽约时报》等不大有名的科研杂志中的科学发现。读者虽然能读到这些报道，但不一定能认识其深意。比如，我觉得化妆品广告和股票行情概要，就跟《自然》《科学》上的论文一样重要，也一样正确，而且还比那些论文更好看呢。

克劳馥组合学

超模/女演员辛迪·克劳馥，一直在用男人进行实验。海勒

（Jane Heller）所做的概率分析显示，克劳馥永远不会与男人断绝关系。关于克劳馥和她近期工作的 5 页报告，发表于 1995 年 9 月号的科研杂志《红宝书》（Red book）中。

加尔文教徒的渴望

研究者 CK（Calvin Klein）正在进行关于"永生"的几乎无穷的研究。详见《红宝书》33～34 页。照片里那两个喝醉的人没有其他说明，我猜其中一个是 CK，另一个不是。

如指甲般结实的皮肤

研究者汉森（Sauy Hansen）在进行"以 a- 羟基和植物络合物进行皮肤修复"的研究。详见《红宝书》36～37 页。报告推断，"汉森是指甲业最值得信赖的品牌"。我完全不懂这是什么意思，但我挺想搞懂的。

营养精华

我向来对庞氏研究院推崇备至。作为不多的带 800 号码的（800—34—庞氏）研究院中的一个，它在进行一项独特的、时代所渴求的"灵丹妙药"研究。在《红宝书》45 页上的报告谈到了"润肤胶囊"，其"现成精华"靠"搓挤"就能释放。据该报告称，值得注意的在于它的"恢复弹性"的功能。该研究院还在研究包含"维生素、重要的类脂和 a- 羟基化合物"的某种物质——"营养精华"。附有一位女性露胸的照片。

赫利出品

在《红宝书》47页，展示了超模伊丽莎白·赫利（Elizabeth Hurley）设计的作品。显然她开发了一种名为"范思哲"的材料。以下照片为赫利的新设计"用安全别针别在一起的、大胆的范思哲裙"。

润滑、光影粉和蓬松粉

一位不知名的《红宝书》研究者提出了最近研究工作的总结性回顾。结论如下：

1. 30岁以上的女性应避免使用黑色睫毛膏。
2. 光影粉，不管这词是什么意思，能突出颧骨。
3. 夜用乳霜比日用润肤液润肤效果更好。
4. 大部分女性不一定需要爽肤水。我还发现，大部分男人根本不知道什么是爽肤水。我也不知道。

该报告还谈到蓬松粉。正如汉森牌指甲的情况一样，我完全不懂蓬松粉是什么，但我也挺想搞懂的。

考克斯的吡啶甲酸铬[*]

女演员柯特妮·考克斯（Courteney Cox）有多瓶维生素 C 和一瓷碗的吡啶甲酸铬。这姑娘多幸运啊。详见《红宝书》116 页。我也想要吡啶甲酸铬，我已有一只瓷碗了。

---

[*]　用于治疗糖尿病的药物，但是也被一些明星用来保持身材。——译者注

▼ 不同的看法

桑福德（"苹果与橘子：光谱比较"）提出了重要的"拿苹果跟橘子比"的俗语问题，但是他的推论有语言学偏见。这个俗语在瑞典语里被译为"拿苹果跟梨比"，像桑福德博士断定的那样，苹果与橘子是很相似的。但是一只澳洲绿苹果跟一只安茹梨，光凭目测实在不怎么像。我建议桑福德博士继续这项重要的研究。

拉松（Anders Larsson）
瑞典乌普萨拉市许斯比勃格

▼ 保护孩子

鉴于贵刊 1996 年 5/6 月的封面照片，我不准备订阅你们的杂志了。我在中学教书的时候再三强调化学实验室中的安全问题，但是很显然，两位先生（赫然站在科学家后面）连护目镜都没有带。这是大学化学实验室啊，是我的学生的榜样，但是他们完全不遵守职业安全和健康准则，这让我怎么要求我的学生呢？

拉森（Jamie Larsen）
亚利桑那州塞多纳自然科学教师

上图为1996年5／6月封面。

chapter 6

生物学与医学

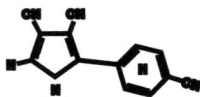

生物学是一门神秘的学科。要确切弄清楚某种动物、植物、细菌、器官、细胞或人体系统的工作机制，真的特别、极其困难。即使是单个生物体，也无时无刻不在发生着这所有的过程，而且都很复杂，还有个体差异和发育不同阶段的差异，所以要搞清楚生物相当不容易。也因此，你能看到很多看起来很疯狂的研究结果。你几乎可以研究一切，而且能容易地发现各种稀奇古怪的事情。但是如果很多研究都发现了同样稀奇古怪的事情，那这些研究结果可能反而不奇怪了——阅读本章和下一章中那些怪事的时候，请牢记这一点。

生物学研究活的物件，医学则研究怎么让生物活着。本章中有很多生物学问题和医学相关元素。

1994 年某个春日，自然科学研究院的厄尔·斯帕姆（Earle Spamer）、德雷克塞尔大学物理系的列恩·芬戈尔德（Len Finegold）和他们的同伴亚伯拉罕斯——我，走出费城 WHYY 台录音室，我们仨在那玩了一个小时。当时电台主持人穆斯康（Marty Moss-Coan）竭尽所能在主持听众热线，但被我们干扰得不行。列恩不断开闪光灯给她拍照，把自己旅行包里他小时候用的英国的茶匙、WHYY 伞和小摆设什么的掏出来给她看。

后来，我们匆忙离开电台时，我想起我终于有了个好题材，希望厄尔或列恩能做这个研究，并写个文章。"巴尼的生物分类学"（The Taxonomy of Barney）就是这么产生的，是厄尔和其他两位同事在后来数周内完成的。这篇文章回答了"巴尼到底是电视里的恐龙还是真的恐龙"的问题，发表在《不大可能的研究年报》创刊号上。它引起了全世界的科学家、家长和电视台的注意，也引起了小朋友们的注意。他们还参观自然科学院，听关于巴尼的分类学讲座，去看玻璃标本缸里保存在甲醛里的巴尼标本。

除了巴尼的照片以外，本章还有很多值得我们杂志骄傲的真正的科学照片。有显微镜下发现的引人瞩目的奇观 ["快乐的酵母菌"（Happy Yeast）和 "冲浪姑娘真菌"（The Surfer Girl Fungus）] 及南非海滨一张照片 ["南非可怜的螃蟹"（The Sad Crab of South Africa）]。本尼克（Mark Benecke）的文章 "线虫与象形文字"（Nematodes and Hieroglyphs），解释了名为线虫的、只有用显微镜才能看到的寄生虫是怎么影响人类文字发展的。"米老鼠基因"（The mickymouse Gene）展示了一张 DNA 凝胶的照片，在辛普森（O.J.Simpson）案期间已广为人知。

帕斯凯维奇（P.A.Paskevich）和谢伊（T.B.Shea）的 "美洲旱獭啃木质素纤维的能力"（The Ability of Woodchucks to chuck Cellulose Fiber）试图解开一个千古之谜。

在 "拖车虫的博物学"（A Natural History of the Articulated Lorry）中，克洛斯（Angela Close）用到了其他科学家忽略的物种分析技巧。

伊贝夫妇（V.D.Irby&M.S.Irby）用了整个夏季来观察青草的生长状况。他们撰写了 "青草生长的周期变化"（Cyclic Variation in Grass Growth）一文，来跟大家分享自己的激动。

另外还有马克斯（Jon Marks）的划时代的研究 "再会芳香：新的 DNA 古龙水分析"（Arivederci, Aroma: An Analysis of DNA Cologne）的原始报告。

酵母，特别是对人类的作用，很有吸引力的主题。医学报告 "男、女、酵母菌"（A Man, a Woman, a Yeast）里的告诫你估计很难忘记。

本章还有本杂志对世界范围内的大型研究机构的自助餐厅的首篇长评。霍普金（Karen Hopkin）关于冷泉港实验室的布莱克福德餐厅的报告，会激起你对科学的胃口。

1

巴尼的生物分类学：
原始人类的进化趋同的证据

本文发表于《不大可能的研究年报》1卷1期（1995年1月／2月号）。

塞里奥特（Edward C.Theriot），[1,4]

博根（Arthur E.Bogan），[2,5] 斯帕姆 [3,4]

引言

原始人类的进化是一个有争议的论题。"皮尔丹人"（Piltdown Man）头骨骗局更是让这个领域的研究者都小心翼翼。当然，关于人类起源 [6] 的神创论者观点的激烈争论也不能忽视，但我们没法把"神创"资料拿来跟自己的资料比较，所以我们只展示了自己的资料。

问题

    根据《国家地理》[7] 的观点，原始人类首先在非洲大陆形成，在过去的几万到几十万年间逐渐扩散，直到占领其他大陆。现代人类学家的观点是，这些原始人类逐渐形成了很多种属，延续到今天的就只有智人了。这种推测的唯一证据还是些碎骨，对骨断片的生物分类研究，使科学家们推论出了不同种类原始人类进化的相互关系。

    但是我们从现场证据和经验观察却发现了新人类，这是以前从来没有被识别的。新人类可能分布在全世界，当然我们首先是在北美发现的。其外部形态完全不像原始人类，所以也一直没被发现，但是这个发现对了解原始人类的进化有直接的、深远的意义。

材料和方法

    1994 年 2 月，我们在电视上看到有一只名为巴尼恐龙的动物 [8]，它的各种特征都显示它跟其他已知恐龙完全不同 [9]，即使考虑到有些恐龙过着严密有序的群居生活，有的恐龙甚至可能是温血动物，但巴尼精力旺盛，很有交流技巧，对人类幼儿有敬爱之情，这些都是未被意识到的爬行动物的形态和机能 [10]。

    为了弄清楚巴尼是不是由恐龙演化而来的爬行动物，我们打算进行现场捕获和活样本研究。当有公告说巴尼将在步行街露面时，事情就容易多了。我们在安全区建立了一个观察站，来记录巴尼的外部身体特征。

    当然我们还需要用仪器来检测巴尼的内部结构。但是我们不能牺牲了标本，不然会对它周围的人类幼儿有不良影响。我们主要用无创法来获取资料。我们弄了一台 X 光扫描仪来扫描巴尼的骨骼结构，具体就是把没曝光的 X 光底片装固定在巴尼现身处附近的墙上，不管是走过的路人还是商店保安都没发现。X 射线使用时间很短，所以我们相信，巴尼周围的人受到的辐射危害肯定不比切尔诺贝利居民遭受的大。

我们用种系分析软件和 Maclade 特性分析程序来做生物分类分析，但只采用了 Maclade 的结果，因为它打印得比较精致。

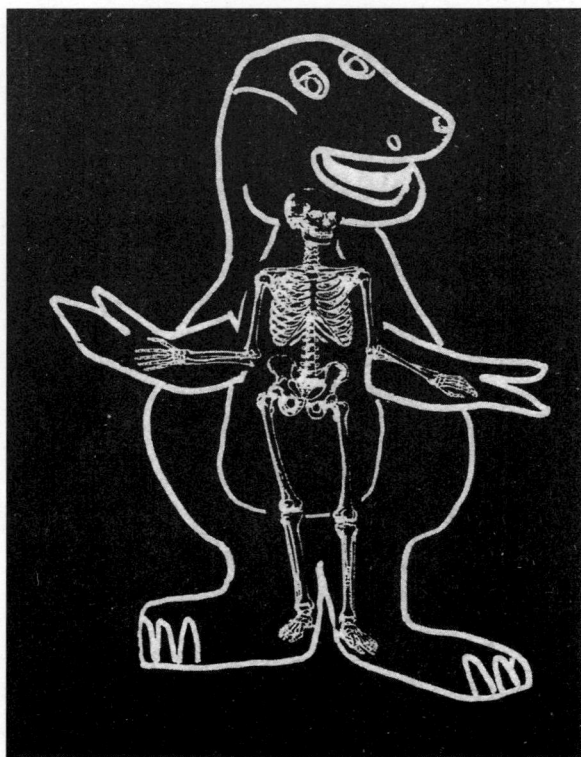

图1：显示巴尼外形和骨骼结构的合成图像。

观察

我们观察到的标本高 183 厘米，是恐龙状的二足动物，头部约为身体的三分之一。双目位于头的正面，说明是双眼视觉。没有可见的耳孔。在鼻子两侧外端，鼻孔的位置有两处凹陷。嘴里有两个白色的光滑组织，一个固定在口缝的后部，另一个固定在口缝的前侧；它们有牙齿的外形，也在牙齿该在的地方。身体中部鼓得大大的，表皮全长着绒毛，除腹部毛为绿色外，其余为紫红色；背部有两个斑点。四肢分别在身体主要的两段上。上肢很短，在端部分叉；没有指甲或爪。腿矮胖，有一双很宽的脚；每只脚除了有三个指甲或爪外没有分开的足趾。后面拖着一条粗壮圆柱形的渐细的尾巴，长约 100 厘米；它似乎是混合而成的，没有肌肉组织，没有可观察到的自发动作。其他方面没有什么特色。

巴尼的 X 光片展示了令人震惊的结果（图 1）。这副骨架不是爬行动物的骨架——无论从形态上还是骨骼分布上，都显然是人类的骨架。可以说，基本与人类的骨架没有差别。骨盆结构属于哺乳动物，具有人类牙式特有的异形齿；上肢各有五个手指；除脊柱尾骨以外没有脊椎，使尾巴失去了骨架的支撑。但是它有体腔把骨架与真皮结构分开，这使巴尼跟哺乳动物或爬行动物完全不同。

| | | 哺乳动物 | | 恐龙 | | 鸟 | 鲑 | |
	巴尼	人	鲸	鸟臀目	蜥臀目		（活的）	（死的）
真皮结构	绒毛	毛发	无毛发	鳞	鳞	羽毛	鳞	绒毛

	巴尼	哺乳动物		恐龙		鸟	鲑	
		人	鲸	鸟臀目	蜥臀目		（活的）	（死的）
牙齿结构	有异型齿	有异型齿	同型齿	同型齿	同型齿	同型齿	有异型齿	有异型齿
骨盆结构	哺乳动物的	哺乳动物的	哺乳动物的	鸟臀目的	蜥臀目的	鸟臀目的	鱼臀目的	鱼臀目的
四肢合并	有	有	无	有	？	有	无	无
腿的节段数	2	2	0	3	3	3	0	0
体腔	有	无	无	无	无	无	无	有
口唇显示	有	否	否	否	否	否	否	有
尾巴	有	无	有	有	有	无	有	有
乳腺	无	有	有	？	？	无	无	无
肺	有	有	有	有	有	有	无	无
生命增殖	无	有	有	无	无	无	无	无生产力
双眼视觉	有	有	无	无	无	无	无	无视觉
血液	温	温	温	？	？	温	冷	冷或凝胶

表1 用来比较巴尼和其他脊椎动物的特征。

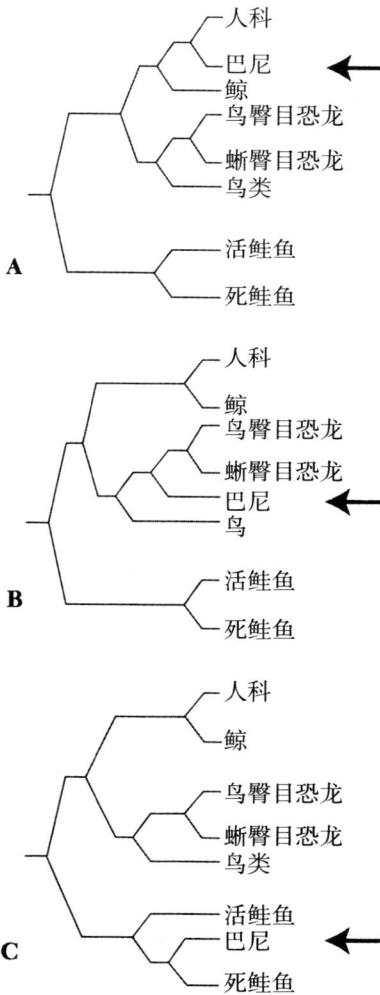

图2　进化树中巴尼与人比较（步数最短，29步，见A）；与恐龙比（32步，见B）；与鲑鱼比（31步，见C）

分析

巴尼的外形掩盖着它和哺乳动物的亲缘关系，从演化上来看，这种类似恐龙状爬行动物的外形和哺乳动物的内部结构和能力，还是有一定选择优势的。巴尼的生态位和行为特征都证实了这一观点，它的行为特征始终与人类幼儿联系在一起，这种联系似乎是一种共同依存的关系，我们推测巴尼已演化到人类幼儿的生态位了，而人类幼儿又因为其特性处于人类社会结构中被保护的位置，所以，巴尼通过适应这种环境，而确保了自己的生存。

这依然不能解释巴尼与其他脊椎动物的分类学关系。为了探讨这个问题，我们把巴尼的各种身体特征跟其他哺乳动物、爬行动物、鸟类和鱼类的作了比较（表1）。我们选择的是基于整个脊椎动物范

图3 死鲑鱼与人科动物。注意，与恐龙比起来，巴尼更接近于人科动物和死鲑鱼。

图4 人科动物的地域差别的样本。

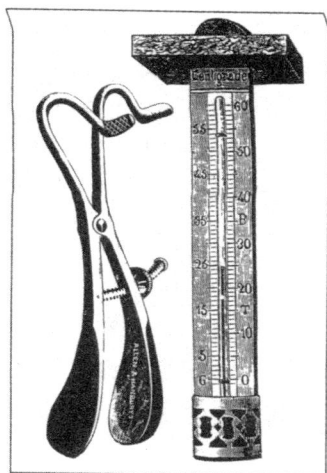

图5 给巴尼测血液温度的仪器

图6 伪龙巴尼样本

围的亲缘特征，并略有删减，直到获得确信的结果。最后是让巴尼与人、鲸、鸟臀目恐龙、蜥臀目恐龙以及鸟类来比较。在生物分类的一览表中，我们加上了另外一类——活鲑和死鲑。

我们运行 Maclade 程序评估这些选出来的特征，首先推导出了最简洁的关系树：巴尼与人类十分相似的；这个树形只有 29 步（图 2A），然后是巴尼与其他脊椎动物放在一起，确定它们的关系树。因为巴尼的外部形态与二足鸟臀目恐龙近似，我们也对这两者的关系树很有兴趣。这个树有 32 步（图 2B）。至于巴尼跟活鲑鱼和死鲑鱼的比较，我们正确预计到巴尼与活鲑的不同，但也相当诧异地发现，巴尼跟死鲑的关系树比它与恐龙的关系树还简单（31 步，图2C）。

巴尼跟死鲑的显著相似性突出了非爬行动物的显著特征。它们皮肤外表均有绒毛，有体腔，可见与齿系分开的口唇特征。这最后一个特性特别值得注意，巴尼的口唇（见图1和图6）看来好像不具备活动功能。爬行动物没有类似的特征。这种非功能性的外形跟鲑鱼尾端的性征相似。不过，巴尼好像不是多产型，于是我们对口唇特征与地域分界线作了比较、我们观察了人科动物的类似地域特性（图4），这再次进一步证实：比起爬虫纲，巴尼和人科动物关系更近。

巴尼活跃的社会习性也显示出它与人科动物更亲。这种表现让人觉得它是温血动物，我们想用真实样本来证实下，这就需要用到短时侵入法，也就是在它单独在过道出现的时候，我们突袭测量。但是它并不配合，逃跑了，所以我们没有测到它的体温。我们怀疑失败原因是设备不好（图5）。

演化的含意

我们论证了巴尼与人的相似，甚至把它跟死鲑鱼与本来觉得是同类的恐龙相比，结果它更像死鲑鱼！我们把这理解为趋同进化，原始的巴尼进化到了人类幼儿的生态位。

这就对化石的解释力提出了质疑。非骨架的材质很少有化石保留下来。因此很可能，巴尼这种动物唯一能被发现的化石就是它的骨架，因而我们得提出一个问题：化石残骸鉴定可能有误。通常用来鉴别原始人类及祖先的标准并不明晰，如果我们不能区分原人和巴尼的骨架，那很有可能有些原始人类的骨架——譬如"露西"（Lucy）——其实就是巴尼祖先的骨架。

结论

巴尼不是恐龙，它是还没有被认识的人类。我们称它为"伪龙巴尼"（*Pretendosaurus barneyi*，按拉丁文 Pretendo 意为"据说、模拟、伪装或伪装者"，Saurus 则意为"龙"）。目前还没发现它的化石，但从我们的数据推知，它或许生存到了旧石器时代初期。这就要求我们重新审视以前被认为是人类祖先的化石。这种审视也有其文化意义，比如满屏幕的人和恐龙共处的媚俗主题（如《金刚》与《摩登原始人》）因此意义也不一样了，而且这种审视还能影响社会学和人类学的研究。

　　现在还能在很多地方看到巴尼，所以说巴尼是普遍存在的，甚至可能跟人类共享一个空间。只是因为它们的形态在漫长的演化过程中发生了巨大的变化，就很难鉴别了。有可能绒毛表皮层的形成和把它跟骨架分开的体腔是性成熟的标志，至于它的幼儿，完全可以用人类幼儿的形态来鉴别。所以这也产生了一个严肃的问题：怎么确凿地鉴别人类的儿童呢？

注释

[1] 作者顺序由抽签决定。

[2] 作者顺序是背着我确定的。

[3] 作者顺序是由最后完稿的人确定的。

[4] 宾夕法尼亚州费城自然科学研究院。

[5] 新泽西州苏埃尔淡水软体研究院，当然它与人科动物的进化无关。

[6] 我们是指智人，但"智人起源"这种说法不常用，用"人的起源"就高雅得多。

[7] 实际的参考文献是 1888 年以来的所有刊物。

[8] 公共电视网的"巴尼"节目，详细描绘了这种动物和小朋友们的亲密友谊，他们一起唱歌、跳舞，讨论学龄前小朋友们的大世界。按理来说，巴尼类动

物肯定不只它一只。

[9] D.B.Weisharmpel, P.Dodson，and H. Osmólska（eds），*The Dinosauria*，University of Californa Press, 1990.

[10] 巴尼可能是恐龙的假设是可接受的，尽管恐龙被认为早就灭绝了。我们初步认为，巴尼可能是恐龙世系的后裔，就像鸟类可以看做爬行动物的后裔一样。

2 南非可怜的螃蟹

这是《不大可能的研究年报》1 卷 6 期 (1995 年 11 月 / 12 月号) 的封面图。

● ●

这张照片是在南非海滨发现的苦脸螃蟹 (有疹壳圆趾蟹属)。由南非罗吉巴西红十字纪念儿童医院儿科学和儿童保健部的鲍威 (Michael Power) 提供。

3 土拨鼠啃木质素纤维的能力

本文发表于《不大可能的研究年报》1卷4期（1995年7月/8月号）。

帕斯凯维奇和谢伊
马萨诸塞州波士顿哈佛医学院

• •

如果土拨鼠能啃木头，那么一只土拨鼠能啃多少木头呢？我们解决了这一由来已久的问题。

Marmota Monax 是一种北美旱獭，啮齿目松鼠科生活在地上的成员之一，也许别名更为大家熟悉："土拨鼠""啮齿类"。土拨鼠常常都认为有神奇的季节预报能力。本研究试图解答与"土拨鼠"有关的两个问题：土拨鼠真的能啃木头吗？如果能，那么能准确测量它们啃多少吗？

材料和方法

我们从各处收集来 12 只成年雄土拨鼠。都身长 65 厘米左右，尾长 15 厘米。平均体重 6.5 千克。实验进行了 2 周。

根据《牛津英语足本大词典》(3.2 千克)里"chuck"这个词的定义，在"如果土拨鼠能啃木头，那么一只土拨鼠能啃多少木头"的句子里，我们估计，"chuck"这个词有 80% 的概率指咀嚼和咽下，15% 的概率指把木头到处乱扔，还有 5% 的概率是随便理解为"呕吐"。然后我们派了一个研一的同学来做这个分析（该同学在本科念企业管理，还是兄弟会的组织部长，所以我们觉得他肯定是这一行的翘楚）。

具体实验是：把被试动物们都关在 3.38 立方厘米的笼子里，禁食 7 天，然后喂食七天。喂食是通过每个笼子两侧的一对 5.08 厘米 × 10.16 厘米的孔，把 5.08 厘米 × 182.88 厘米的松木框柱（以下用 2 × 4 来指代）用 0.015 米 / 小时的匀速（普朗克常量）喂给它们。并把整个过程（14 天）录像，并由独立的观察人员按照几种情况打分：它们试图（a）吃 2 × 4；（b）把 2 × 4 丢满笼子；（c）把 2 × 4 呕出。

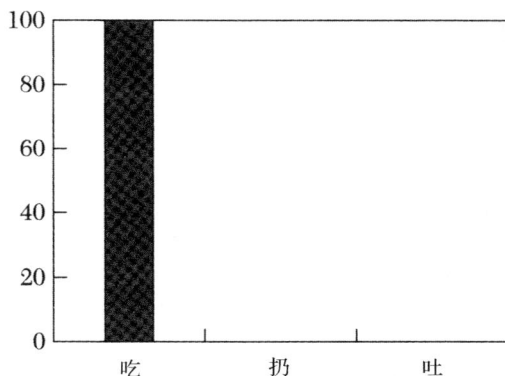

图1　实验组展示"chucking"含义的比例。

结果

100%的实验组都想把2×4吃掉（图1）。因此我们推断，"chuck"就是吃的隐喻，进而得出结论：美洲旱獭其实会嚼木头。而且我们还推断，一有机会，这种动物就会把2×4朝观察者扔去。

嚼这个动作，使得柱子平均有27%的体积被消化成纤维。在实验中，每头被试嚼2×4达2533.465 901立方厘米。因此平均啃速（average chuck rate，简称ACR），为每头被试每天361.923 7001克/方厘米。

作为对照，我们收集了12头实验被试的排泄物，检查并称重。摄入／排泄比为1∶2，跟之前收集的数据十分吻合（P<0.0005）。

讨论

土拨鼠啃木头的能力和数量（或比例）估计几十年内都解决不了吧，正如我们证明的，土拨鼠真的能消化木质素纤维，连消化的数量和比例都能测出。

跟其他严密清晰的实验报告和课题一样，本研究提出了值得探讨的问题，有兴趣的读者可以继续研究或拿它筹集科研经费。比如说，土拨鼠在14天以后对独立观察者就明显有敌意了。我们推断高纤维饮食可能和个性改变有因果关系；这个特性还能跨物种传播（研一的同学脾气明显变坏了）。

我们还注意到，实验结束后12只土拨鼠都明显瘦了，体重有了实质上的减轻。这可能是饮食太单调，喂食方法也很死板导致的。我们于是开始研究土拨鼠食谱变化的影响。新的实验与前一次一样，不同的只是2×4构架立柱换成了60.96厘米×121.92厘米×1.905

厘米的层压板。

结论

土拨鼠能以每天 361.9237001 立方厘米的速度啃木头。

致谢

要感谢这位研一的同学（不管他叫啥）收集并检查呕吐物和排泄物，且审阅了全部 336 小时的录像带。

米老鼠基因

本文发表于《不大可能的研究年报》1卷1期（1995年1月/2月号）。

这是由名为米老鼠的基因做成的电泳凝胶。该照片的发现者说，该基因负责编码一个新的胞浆蛋白，在这个蛋白的氨基酸序列里面，一个由八个氨基酸组成的保守序列重复了三次：异亮氨酸－半胱氨酸－赖氨酸－谷氨酸盐－酪氨酸－蛋氨酸－丝氨酸－谷氨酸。由密歇根州安阿伯密歇根大学医学院的安吉洛蒂（Timothy P. Angelotti）和斯卡佩塔（Macco A.Scarpetta）提供。尽管多次请求，这种照片并没有被用作辛普森案的证据。

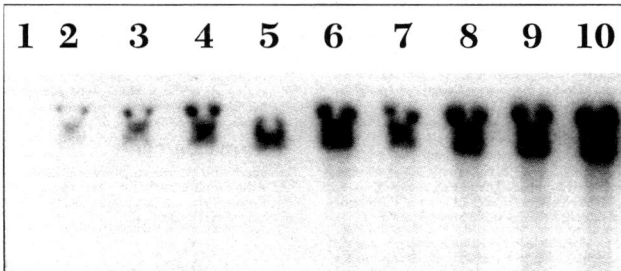

拖车虫博物学

本文发表于《不大可能的研究年报》1卷2期（1995年3月/4月号）。

克洛斯（Angela E.Close）

华盛顿州西雅图华盛顿大学人类学系

●●●

拖车虫（Articulated Lorry）是科学界所知的最大昆虫。虽然单从体型大小来说，把拖车虫列入更新世巨型动物区都没有任何问题，但20世纪之前人们没见过这种大型动物，它们的演化可以通过远古的系列化石追溯到公元前第三个千禧年的西亚（Close 1982）。

身形描述

现在的拖车虫体型巨大，一般长十多米，分节附肢车亚种（*V.articulatum appendatum*）或带有"拖车"的拖车虫，长度还翻倍。

拖车虫通常有伸长的直线型身体。头胸之间分节非常明显（它的学术名和俗名都能体现），但胸腹之间的分节几乎察觉不出来；腹部大概是退化了，这可能是拖车虫的行进方法产生极大的选择压造成的。

行进

虽然跟所有昆虫一样，拖车虫也有 6 条腿，但这些腿有着动物界罕见的三叉形，而且每叉端还有水平枝状脚。幼小的拖车虫把矿物和橡胶改造成绕着脚的盘状覆盖物。只要用推力克服巨大的惯性，拖车虫就能以 100 – 150 千米／小时的速度沿地面滚行（Close 1988）。

在这样的应力下，脚盘上的橡胶可能失效，这给科学家提供了它们迁移过程的重要资料。有些研究者也试图从 Armadillo 越野房车虫（路毙动物家族最流行的一员）蜕去橡胶脚后的准化石残骸推断这些路径；不过确有证据证明，"车辆属"（Vehiculum）的较小成员，像"居家车"（V.domesticum）偶尔也会折磨那些蜕掉橡胶脚的 Armadillo 越野房车虫，甚至是撞到那些装死装得很像的。

拖车虫的地面运动工具高度发达，偶尔体重极大，不出意外，它们很少能飞，反正不会刻意飞行。因此它们的翅膀已退化成头部两侧的小块，但依然保留着特有的光滑反射面。

视觉

它们的眼睛长在头的前方，能为高速运动的拖车虫提供立体视觉。不同于寻常昆虫的是，它们每只眼睛仅有一个面。在最高级的亚种中，两个眼面彼此非常接近，早期的学者误以为拖车虫可能只有一只眼睛（Grayson 1970）。近来更仔细的研究表明，所有研究对象的双眼其实仍被辐射状触须分开。

地区分布

现代形态的拖车虫以迅雷不及掩耳之势遍布全球，成为近代史上演化最成功的昆虫。由于传播太迅速，因此遗传漂变还来不及有什么影响，无论在哪看到它们，都能容易地辨认出这是拖车虫的一员。不过，尽管地区差异还没影响到物种演化，但确实还是有差异的。比如，在经济待发展的地区，拖车虫常披戴华丽丽的亮闪闪的配饰，像是长段的金属箔和宗教意味的艺术品，北欧北美的拖车虫身上就很少有这种东西。如果这和交配有关（Close 1992）的话，那这种行为可能意味着有新物种要形成了。

进食行为

尽管拖车虫常杀死各种形态的动物，但没有证据证明这是之前说的捕食（Grayson 1971）。拖车虫似乎只吃含石油的物质，虽然它们的食物来源很广泛，但它们却只沿着迁移路径在特定的地方（俗称"停车场"）进食。在这里，拖车虫常聚集在一起，突然排成整齐长队。这种行为的原因尚不清楚。

繁殖

关于拖车虫的繁殖，我们一无所知。很少有学者能确定个体拖车虫的性别，虽然之前有人说他能（Grayson 1973；不要把这与他1969年的论文和更热门的相关论文搞混）。要确定拖车虫的性别，一般是把它的左后腿抬起来，看看后面有什么。

从拖车虫的体重来看，一只趴到另一只身上交配不大可能。所以交配大概是并排着进行的。但没有人亲眼见过交配，所以很难证实，但有些拖车虫往往无所事事地长时间并排站着，更有可能，在进食区看到的拖车虫突然排队其实是某种恶心兮兮的群交。

迁移模式

拖车虫是一种典型的游牧动物。它们一生中大部分时间都以高速从一处奔赴他处。人们虽然已经知道这点很久了，但是具体迁移模式还是不清楚的。最近的相关研究表明，这是因为在非进食区，拖车虫基本上是非群居动物，也就是只有在不动的时候它们才能聚成团，所以我们只能从个体角度来探索其迁移模式（Close 1993）。

关于它们为什么老是负重累累，也可以用同样的方法来解释。这种行为在昆虫界是绝无仅有，即使金龟子也没拖车虫那样的迁徙癖。一项个体拖车虫的跟踪调查研究刚刚开始，但每只拖车虫都明显经历着负重和卸载不断交替的过程，这种重复且不经济的行为，实在很难理解。但很可能与生殖匹配有关——即与性有关。

生活史

作为陆地上最大动物中的一种，拖车虫没有已知的天敌。但它们的一些行为本质上还是防御性的，这也表明，它们过去可能还是有天敌的。比如说，从头后的鼻孔放出排泄物对准特定的追捕者，把它们淹没，或是模仿雾角的声音（它经常用这种办法把较小的拖车虫赶到附近的沟里去）。如果没有被捕食，大部分拖车虫大概会在

30 多岁老死，我们很少见到活得比它更长的动物。但是，我们对动物生物学和生活史的认识仍然很浅显，可能在科学家对完整新鲜的拖车虫尸体进行解剖研究以后会有更多认识吧。

鸣谢

我要向格雷森（Donald K.Grayson）教授道谢，是他第一次向我指出拖车虫其实是一种昆虫，这一深刻见解从根本上改变了我的自然观。我从他的专业且开创性的作品中获益匪浅，虽然它们大部分不仅错了，还过时了。

参考文献

A.E.Close，"Fossil insects of Mesopotamia; the earliest ancestors of *V.articulatum*," *Journal of Sumerian Entomology*，Vol.23，1982，pp.56 ~ 67.

A.E.Close，"The locomotion of the articulated lorry, *Vehiculum articulatum*, and the origin of speed limits," *Journal of Insect Kineics*，Vol.33，1988，pp.100-150.

A.E.Close，"Migratory patterns among articulated lorries——there is no wood, only trees," *Bulletin of Insect Metaphors* Vol.46，1993，pp.65 ~ 68.

D.K.Grayson，"Sexual variations in articulated lorries," *SemiErotica*，Vol.2，No.7，1969，pp.21-23（with illustrations）.

D.K.Grayson，"Why Roadkill（Viacaesidae）die," *Journal of Lorristics*，Vol.23，1971，pp.1-19.

D.K.Grayson，"Expressions of sexual dimorphism in articulated lorries," *Bulletin of the Society for the Study of Megafaunal Sex*，Vol.12，1973，pp.25-32.

6 青草生长的周期变化

本文发表于《不大可能的研究年报》1卷4期（1995年7月/8月号）。

V. 伊贝和 M. 伊贝

肯塔基州列克星敦肯塔基大学

物理学和天文学系

青草显示出一种与已知其他植物都不同的周期性生长模式。在本研究中，我们用游标卡尺（也用了其他卡尺来测量以保证用不同设备也可重复实验），对肯塔基地区列克星敦公寓群前面 10 平方英尺区域的 100 棵草叶片的平均高度进行了单棵测量，草叶是随机选择的，时间是十周，测量按天计。我们计算了这些测量结果，并用草叶数的算术平方根除以平均值，算出标准差，作为实验误差。我们在 10 周内逐日重复了这个步骤。

结果和讨论

我们画出了草叶平均高度和时间的函数关系曲线，如图 1。很容易看出，草叶平均高度有一个大约 7~10 天的周期变化。另一个迷人的结果是，草叶高度有一个约为 1.3 英寸的最小值，我们称之为草叶基线。

因为草叶高度有 7~10 天的周期，所以可推断草叶高度基本上一周一变。造成这种周期变化的物理机制，尚不明确。

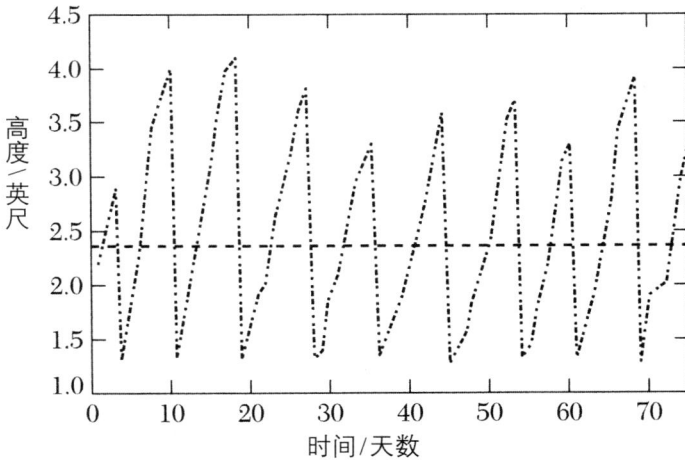

图1　实验测量出来的平均草叶高度（纵轴）和时间（横轴）的关系图。实线为实验数据，虚线为估算出的"草叶高度常数"，并根据实验数据来进行校正，以取得最佳值。

再会芳香：
新DNA古龙水的分析

本文发表于《不大可能的研究年报》1卷2期（1995年3月/4月号）。第二年，DNA古龙香水的创造者荣获搞笑诺贝尔化学奖。

马克斯

康涅狄格州纽黑文

耶鲁大学人类学系

人们通常认为，DNA 最常见的化学形式是双螺旋结构 [1]。虽然肉眼看不见 [2]，但这仍然是研究 DNA 功能或其他实验的不二假设。

尽管 DNA 在学术上备受关注（近来也有风险资本凑上来），但其实很少有人会想闻闻 DNA。《侏罗纪公园》的火爆似乎改变了局势，似乎给香水消费者喜闻乐见的生物分子提供了新生命。贝弗利山庄的毕扬（Bijan）香水公司反应迅速，出片了名为"DNA"的新男用古龙水。

其广告语是"敢于感受一切"（Dare Feel Everything），这句话可简化为"DFE",但这也不是古龙水的名字。所以顾客们多少有点摸不着头脑。也没有迹象表明,激动人心的 DNA 源出神经细胞。

我想说的是,古龙水闻起来并不像 DNA,其实味道比 DNA 好多了。不过在写这篇文章时,我意外发现,"毒药*"闻起来也不像有毒药,"斯泰森毡帽**"闻起来也不像帽子。目前也没有迹象表明,商家用了 DNA 来制作古龙水,也没证据显示,古龙水是由分子遗传实验室的研究人员的排泄物调制而成。

图1　DNA古龙水瓶。

* 　即Prison,法国时尚品牌Dior集团的一款著名香水。——译者注
** 　即Stetson,法国时尚品牌Cody集团的一款著名香水。——译者注

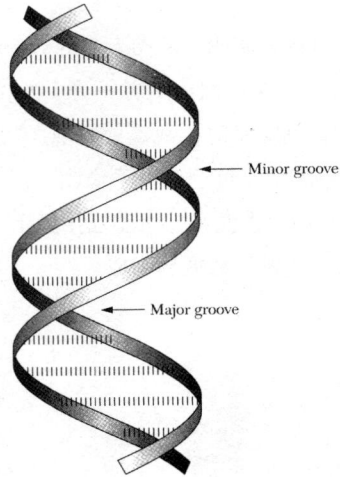

图2　显示大小沟的DNA双螺旋结构常见的β形，点刻线表示沃森–克里克碱基对。

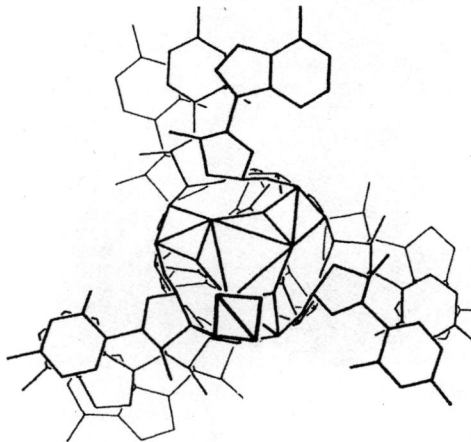

图3　鲍林和科里的DNA模型（1953年）。

那么，这名字到底怎么来的呢？难道分子遗传学突然这么火爆，光靠说说这种遗传分子就能让两个人干柴烈火吗？

DNA，DNA，DNA，有效吗？

显然，重要的不是瓶子而是瓶子的名字。"DNA"的这个名字来自醒目的蓝色玻璃螺旋形瓶。这瓶子很是讨喜（图1），尽管形状并不是规则的或是真的 DNA 螺旋特征，但这只瓶子确实是右旋的，每一棱都是西南－东北向的（图2）。

不过更有趣的是瓶子模型的 DNA 的条数，仔细观察末端就能看见了。尽管如上所述，大多数科学家都根据沃森－克里克的双螺旋结构来研究[3]，但毕扬古龙水瓶其实是个三螺旋结构，由三股互相缠绕而成。这分明就是沃森－克里克模型之前的鲍林和科里（Coney）的 DNA 三股模型的再现[4, 5]（图3）嘛。要知道，孟德尔（Mendel）的实验和成果是过了十多年才被接受的，也许这种三股 DNA 模型最终也会被大众认可，成为"超前观念"。也许它早已被科学家所遗忘，但在 40 年后，香水商又想起了它。

把古龙水取名"DNA"，大概是想唤起分子遗传学界支配自然的能力。喷点古龙水，你就有了吸引异性的魅力了，只要你的爱人没学过分子遗传学，就不会盯着香水瓶看出端倪来，你就成功了。不然……他或她就只能觉得你很幽默了。

我们迫切盼望着"大肠杆菌"香水，并确信其天然芳香可变得更好。

注释

[1] V.B.Lewin，*Genes*，Oxford University Press.New York，1994.

[2] Cricenti *et al.*，*Science*，Vol.245，1989，p.1226.

[3] J.D.Watson，and F.H.C.Crick，*Nature*，Vol.171，1953，p.737.

[4] L.Pauling，and R.B.Corey，*Proceedings of the National Academy of Sciences. Vol.39*，1953.p.84.

[5] 要不，商家可能是从 DNA 少见的 H 态找设计灵感的。(Mirkin et al.，*Nature*，Vol.330，1987，p.495；Rajagopal and Feigon，*Nature*，Vol.339，1989，p.637)。但又好像不大可能，DNA 的三重 H 态看来跟古龙水瓶也不那么神似。更何况，它还要求貌似很蠢的胡格斯腾碱基对结构。

8 快乐的酵母菌

本文发表于《不大可能的研究年报》2卷1期（1996年1月/2月号）。

巴尔德拉马（Marcela A.Valderrama）和杨（Jennifer Yang）

麻省理工学院生物学系

我们发现了一种新型啤酒酵母，一种形态"快乐"的酵母。

这一形态是在啤酒酵母转化株涂在培养基上后表现出来的，这个培养基本来应该是全合成尿素的，但到底成分是什么就不知道了。

培养皿上没有长出菌落，但长出了蔓延的细胞簇。

这支持了我们的理论——生物学是最快乐的学科。

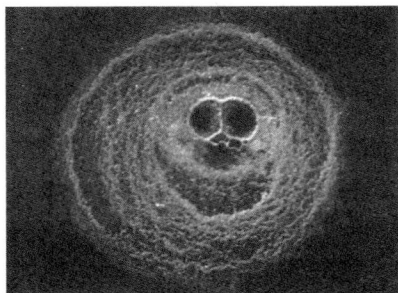

9 男人、女人、酵母菌

本文发表于《不大可能的研究年报》1卷5期（1995年9月/10月号）。

卡斯威尔（Alice Kaswell）和普菲斯特（Arsenio Pfist）
《不大可能的研究年报》编辑

啤酒酵母（*Saccharomyces cerevisiae*）的活性简直是无限多样化的，大概没有什么论文比下面这篇阐释得更透彻了："做面包引起的啤酒酵母菌阴道感染：一位女性及配偶传染的病例报告"[Bread–Making as a Source of Vaginal Infection with *Saccharomyces cerevisiae*: Report of a Case in a woman and Apparent Transmission to Her Partner，威尔逊（J.D.Wilson）、琼斯（B.M.Jones）和金霍恩（C.R.Kinghorn）《性传染病杂志》（Jounal of Sexually Transmitted Diseases），1988年1月—3月，pp.35—36]。摘要如下：

我们要报告一则女性病例，她在烤面包的时候，外阴阴道遭感染，是由啤酒酵母菌———一种广泛用于烘烤食品业和酿酒业的酵母菌——引起的。其伴侣也被感染，该感染已被证明难以根除。临床和微生物学的解决方案就是，对两个病人的内衣进行消毒，并口服和局部涂抹制霉菌素。

10 线虫与象形文字

本文发表于《不大可能的研究年报》1卷2期（1995年3月/4月号）。

班尼克（Mark Benecke）

德国科隆大学动物学研究所

　　象形文字并不是埃及人发明的。而应归功于微小的线虫秀丽隐杆线虫。如今，这种朴实无华的生物在发育生物学和遗传学研究中用途很大，享有盛名 [1, 2]。它们在实验室里很是多变，我的研究表明，变化比我们以为的要多得多。

材料和方法

　　线虫被养在涂有细菌的琼脂盘中。一只两性体线虫长约 0.5 毫米，它们以一层大肠杆菌为食。我们把线虫放进磷酸盐缓冲溶液中，进行两次轻度离心来聚集线虫 [3]，再把线虫移到覆盖有聚赖氨酸的载物片上，并在液氮中冰冻至 -210℃。在解冻后，用诺马斯基显微术（Nomarski microcopy）对线虫进行光学分析。

结果

　　根据饲养环境的不同，这些线虫都形成了各自清晰的形状。

　　饿了很久的线虫呈现出来的花样最有趣：三个线虫连在一起，形成意为"永生"的象形文字（图1A）。同时，另一组线虫呈现出意为"体验"的象形符号（图2B）。也就是，它们准确地表达了"体验永生"的意思。图B和2B表示相应的象形文字。

　　饲养条件适宜，线虫就能形成意为"统治"、"自吹自擂"和"击鼓"等各种各样的象形文字。

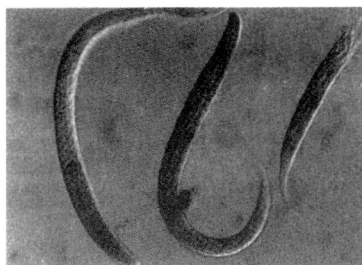 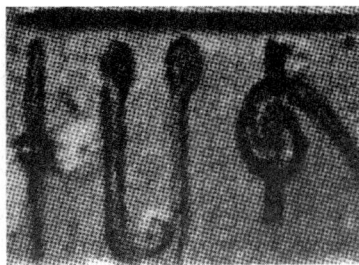

图1A　　　　　　　　　　　　图1B

由微小的秀丽隐杆线虫形成的风格化的埃及象形文字。A为三条线虫连在一起形成永生形状。B表示相应的象形文字。

讨论

　　秀丽隐杆线虫等土壤线虫在全球范围都很常见，它们已存在了5亿年以上。如果饲养条件不好，线虫就会形成和死亡、转瞬即逝等

 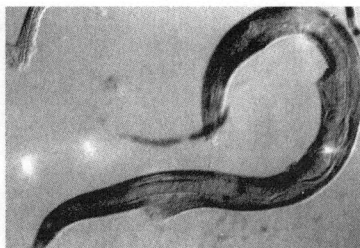

图2A   图2B

A为挨饿的秀丽隐杆线虫形成含义为"体验"的形状。B表示相应的象形文字。

有关的象形文字。要是条件好，它们的表现就很积极——有时候甚至是热烈。

我们从贝特尔斯曼（Bertelsmann）[4]的著作读到，拉林格扬人（Laryngaeans）把象形文字传给了古埃及人，拉林格扬人肯定是能肉眼解读线虫的信息。连亚里士多德都写过"拉林格扬人是地球上目光最敏锐的人"，也间接证实了这一点。[5]

综合以上事实，第一批印刷字符可能就是由独立生存的线虫创造的。此外，商博良（Champollion）可能就是利用了他严格培养出来的秀丽隐杆线虫[6]，在1822年把象形文字与线虫特定形状对照，而破译了罗塞塔石碑（Rosetta Stone）铭文。

最后，我们希望你能注意没吃饱的线虫形成的象形文本，它们要求观察者"体验永生"，这是古代大部分人信奉的人生真谛吧。[7, 8]

注释

[1] R.Lewin，"A worm at the heart of the genome project，"*New Scientist*，Vol.25.no，8，pp.38-42.

[2] E.Schierenbeng and R.Cassada，"Der Nematode *Caenorhabditis elegans*:

Ein entwicklungsbiologischer Modellorganismus," *Biologie in unserer Zeir*, Vol.16, No.1, 1986, pp.1-7.

[3] S.Brenner, "The gentics of *Caenorhabditis elegans*," *Genetics*, Vol.77.1974, pp.71-94.

[4] Lexikon-Redaktion Bertelsmann, "Volkslexikon," *Hieratische Schrift*, Bertelsmann, Guetersloh.1956.

[5] Aristotle, *Libelli*, *qui parva naturalia vulgo appellanlur*, Brummenius, Paris, 1560.

[6] J.F.Champollion, *Principes généraux de l'écriture sacrée égyptienne appliquée á la representation de la langue parlée*, Institut d'Orient, Paris, 1841.

[7] E.W.Heine, *Wer ermordete Mozart? Wer enthauptete Haydn?* Diogenes, Zurich, 1986.

[8] E.W.Heine, *Luthers Floh*, Diogenes, Zurich, 1990.

11 冲浪姑娘真菌

本光显微照片显示的是绒毛孢子丝菌真菌的孢子。让真菌在消毒过的人头发上生长，然后把落下来的孢子脱水，就能得到图片里的样式。图由加拿大安大略省温莎的波尔曼（Don Pohlman）提供。

《不大可能的研究年报》年度游泳衣专号 2 卷 2 期（1996 年 3 月/ 4 月号）封面饰有本照片。

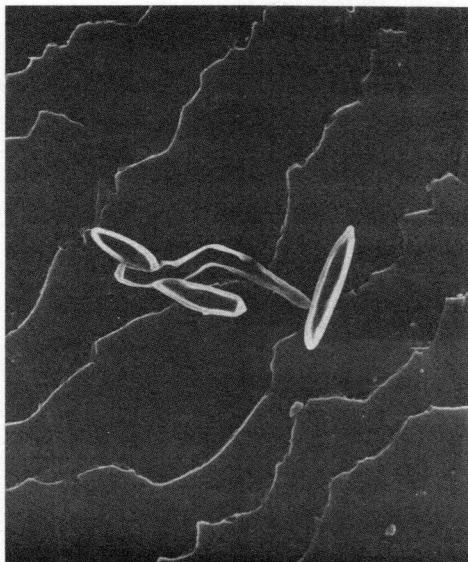

12 科学餐厅：
布莱克福德餐厅,纽约冷泉港实验室

本文发表于《不大可能的研究年报》1卷3期（1995年5月/6月号）。这是世界主要研究机构的自助食堂评论系列的第一篇。

霍普金

国家公共电台生物化学家和食品评论员

布莱克福德餐厅装潢恬淡舒适，还能在里面观看奇特宁静的冷泉港美景，这种不拘一格的风格吸引了大批忠实游客。许多就餐者几乎每天都回来用餐。

"这里吃得真不错，"一位常客、遗传学家西尔瓦（Alcino Silva）大加赞扬道，"至少他们不敲你竹杠……他们物不美，但是价很廉。"

我们的午餐里有一盘"纽伦堡虾"。就餐者描述这个正餐前的小菜"厚实"，"淡黄色"，"似曾相识"，味道"有点清淡"。

菜单的特点是，常有民族特色佳肴。从什锦饭（jambalaya）到咖喱羔羊肉，洋葱丝土豆到奶油豆及香肠加玉米海鲜杂烩浓汤，他们告诉我们，这些佳肴并不像我们想的那样可怕。

可选甜点倒是个惊喜。是当地糕点店做的蛋糕和派，分为"最好的"和"吐血推荐"的，不过，科学家常客们也觉得，数量和质量都很重要。生物化学家拉泽布尼克（Yuri Lazebnik）告诉我们，由于烤饼切割得不精确，如果你仔细观察精心挑选的话，就能挑到一块比平均大块还大两个标准偏差的派。当然，价钱是一样的。

图1　布莱克福德餐厅是长岛风景区冷泉港实验室的社交和就餐中心。

图2　自助餐厅的内部设计和样式，这是20世纪20年代的照片了，不过餐厅保持得很好，到90年代也没什么变化。这两张图片获冷泉港实验室管理处授权刊登。

评分：　　　质量：1.78　　　时新度：2.5　　　留须男人：3

☆　　　　　♟♟　　　　　♟♟♟

评分说明：

质量：按照 i（−1 的平方根）到 π 的区间进行评定。得 i 分表示只能靠幻想才会觉得好吃，π 表示完全是美味。例如，得分 π，食物质量最精美的研究机构餐厅属马里兰州塞维蔡斯的霍华德休斯医学院总部，食物质量最差的，得分为 i 的是威尔士斯旺西大学的玛格丽特公主餐厅。

时新度：时新度也是按照 i 到 π 的区间来评定的。最受欢迎的是瑞典斯德哥尔摩的卡罗林斯卡研究所内餐厅，最不讨人喜欢的是威尔士斯旺西大学的玛格丽特公主餐厅。

留须男人指数：在自助餐厅墙上展示的留须男人照片或图画数。

可惜我们没有能多逗留一些日子，不然就能直接体验名扬四海的周末晚上龙虾宴的喧嚣，或是周日下午的龙虾海味浓汤，当然还有周一龙虾色拉的半价特惠。

曾担任过曼哈顿皮埃尔饭店厨师长的帕顿（Ron Padden）1994年3月担任布莱克福德餐厅的厨师长以后，食品的质量呈指数级提高。他接替的是曾在某潜水艇上做了7年饭的厨师长。遗传学家亨伽特纳（Michael Hengartner）谈起这位前任厨师长时说："肯定也有青睐他的顾客了，不过在新鲜果蔬食物方面他还是略逊一筹。"

亨伽特纳很有说服力地概括了布莱克福德之旅："这周围就数这里最好了——其实也是唯一能去的地方。"

浓缩100%科学内幕

德鲁 汇编

▼ 难以下咽

鼓鼓的肚子可能自有好处。伦德大学的布伦马克（Christer Brön-mark）和迈纳（Jeffrey Miner）发现，欧洲鲤鱼在它们的天敌梭鱼附近过了数月后，上腹部就变大了，它们会长得很宽，天敌的嘴再也咽不下它们了。有人正想做些类似的项目，看看这种情况是不是也适用于人类，以及如何为人类所用。即将进行的这项研究的不同寻常之处，在于它是由德国啤酒企业联盟资助的（可参阅《科学》杂志，1993 年 11 月 20 日）。

▼ 南美关于食品的争论

遗传工程农作物持续地引起了关于食品安全、农业效率及如何解决世界性饥饿问题的争论。在努力解决争论的过程中，史密斯（Rober Richard Smith）博士及一些同事参加了上个月在布宜诺斯艾利斯召开的主题会议。史密斯是"适度变革的非极端主义者"组织（Non-Extremists for Moderate Change, 简称 NEMC）的创始人，NEMC 的宗旨，已经由名字表露无遗。NEMC 的成员试图在除芬兰以外的其他国家解决棘手问题时，总是被排斥，被猛烈攻击，甚至被拘捕。在布宜诺斯艾利斯会议上，食品纯度激进主义分子、生物工程研究人员、施有机肥料的农民以及公共卫生专家纷纷把遗传工程的蔬菜袋朝 NEMC 成员扔去，直到把他们逐出会场。

▶ 要不得的作物

语言纯化主义者正在发动一场运动，抵制油菜的新商用名卡诺拉（canola），号召恢复原用名油菜，因为这种植物的油富含对健康有益的单不饱和脂肪酸，这种作物已经是流行。但在交易者认为，菜籽油之所以比橄榄油和其他油更流行，主要就是因为数年前它们改了名，而跟油的生化特性没什么关系。

▶ 残忍的牛奶

大多数的猫科动物都有点乳糖不耐受，如今"英国动物权利协会"（The British Animal Ascendency Society）已声明，给宠物喂牛奶的主人犯有虐待罪，得处以死刑。这个成立于 1987 年并反对动物实验的团体一直在发展壮大。上个月，该协会董事、前超级名模斯蒂斯（Brent Stith）要求关押"吃肉"的"一切牲畜和个人"。

▶ 检验人口增长的极限

地球人口每年大约增加 1 亿，有些经济学家认为，"有一个新生儿需要抚养，就会有一双手来解决这个问题。"一个新实验可检验这种理论。模仿生物圈的实验"人口圈"（PopuSphere）位于亚利桑那沙漠中，是一个用树脂玻璃包裹的密封结构。开始会有接近理论容量的 200 人参加实验，他们均在最佳生育年龄，有着反对避孕的坚定信仰。明年夏天，实验者将把被试关进"人口圈"，20 年后再测定里面的人口总数。

向您推荐
值得一看

德鲁 汇编

▼ 灯光下的黑暗

"光学显微镜固定组件中地板蜡的应用"（Use of Floor Polish in Mounting Sections for Light Microscopy ）艾梅尔（K.M Imel）《今日显微术》（*Microscopy Today*），1995 年＃95–1 期 [感谢切利奥（Gail Celio）提供线索]。报告部分摘录如下：

> 多年来，关于把细胞组织固定到载玻片上的方法，有很多。本论文提出一种新的固定介质——很容易在就近的食品杂货店买到的便宜地板蜡。我们实验室以前用的是 Pemount®（新泽西州费尔劳恩费舍尔化学试剂厂）和蒸馏水稀释出的 30％的蔗糖溶液，跟这两种比起来，使用地板蜡时一些组织的变形程度小得多。

▼ 深藏的绒毛

"洞穴中掉毛沉积物的意义"（Implications of Lint Deposits in Caves），雅布隆斯基（Pat Jablonsky）， *NSS* 新闻，1992 年 4 月 50 卷 4 期，pp.99—100。

▼ 驴的来源

"坦桑尼亚奥杜瓦伊峡谷再现的最古老的驴以及驴的起源（Oldest ass recovered from Olduvai gorge, Tanzania,and the origins of asses ）"丘彻（C.S.Churcher），《古生物学》杂志，1982年56卷5期，pp.1124—1125。[感谢麦克雷（Andrew MacRae）提供线索]

▼ 喃喃的绵羊

"对怀孕绵羊子宫内语音的分析"（The Preception of speech sounds recorded within the uterus of a pregnant sheep ），格里菲思（Scott K.Griffiths），布朗（W.S.Brown，Jr.），格哈特（Kenneth J.Gerhardt）；艾布拉姆斯（Robert M. Abrams），和莫里斯（Richard J.Morris），《美国声学学会》（ Journal of the Acoustical Society of American ）杂志，1994年10月96卷4期。[感谢霍维茨（Lucy Horwitz）提供线索]

▼ 无效的牛肉烘烤

"引起母牛子宫内膜炎的异物"（Foreign body caused endometritis in a cow），布斯（Von A.Boos）和阿勒斯（D.Ahlers），Dtsch.tieraztl.Wschcr，Sept.1994年9月，pp.341—380。[感谢扬奎斯特（R.S.Youngquist）提供线索]作者报告道：

母牛的子宫、输卵管和卵巢均来自当地屠宰场……尸体解剖资料表明，从亚急性到慢性的子宫内膜炎均由子宫内发现的香烟打火机引起。

▼ 牛奶和头发

"奶牛头上的漩儿与挤奶厅方向的偏好之间的关系"（The relationship between facial hair whorls and milking parlor side preferences）,坦纳（M.Tarmer）,et at.Abstract # 797 from the *Journal of Dairy Science*,vol.77,Annual Meeting Abstracts,1994.[感谢坎贝尔（C.Robert Camp-bell）提供线索]

▼ 蛙类动物的巨大跳跃距离

"微重力下日本雨蛙的习性"（Behavior of Japanese tree frog under microgravity）,泉黑谷（A.Izumi-Kurotani）,山下（M.Yamashita）,川崎（Y.Kawasaki）,黑谷（T.Kurotani）,奥野（Y.Mogami,M.Okuno）,秋山（T.Akiyama）,小气田（A.Oketa）,白石（A.Shiraishi）和上田（K.Ueda）,《太空中的生物科学》（*Biological Science in Space*）,1991年5卷,pp.185~189。

▼ 动辄呕吐的半水生动物

"两栖动物的晕动病"（Motion sickness in amphibians）瓦塞尔瑟格（Richard J.Wassersug）,泉黑谷,山下和内藤（Tomio Naitoh）,《行为生物学与神经生物学》（Behavioral and Neural Biology）,1993年60卷,pp 42~51。部分摘要如下：

我们把无尾目动物（蛙类）和有尾目两栖动物（蝾螈）从飞机上扔下,让它们做抛物线飞行,以此来研究两栖动物是否会得晕动病。在飞行前我们给动物们喂食,飞行后在它们的容器里发现了呕吐物，这是由运动诱发的呕吐。

▼ 不快

"犬类恶心（从恶心到呕吐）时造成的高碳酸血症和缺氧
（Hyper capnia and hypoxia which develop during retching participate in the
transition from retching to expulsion in dogs）"，福田（Himyuki Fukuda）
和古贺（Tomoshige Koga），《神经科学研究》（*Neuroscience Research*），
1993 年 17 卷，pp.205~215。[感谢朗勒本（David Langleben）提供线索]

我们欢迎你对本栏目提出建议。请附全部引文（不要节略！）
和论文复印件。

▶ 为了孩子

我饶有兴趣地读了塞利奥特等人关于"巴尼的生物分类学"的报告。去年有一些关于恐龙的研究报告,谈到霸王龙(真正的)睾丸,霸王龙会在不需要时把睾丸缩进体内。这种介绍动物行为的研究很多,这篇让我马上想到了巴尼,我在想,如果节目中可爱的光屁股主人老是突然就"性奋"的话,那对那些敏感的小朋友们会有什么影响啊?我认为这个问题应该列入巴尼分类学研究中,作为重中之重来考虑。

博斯(Nathan Bos)

密歇根州安阿伯密歇根大学教育学院

▶ 难产

克洛斯(《拖车虫的博物学》)对拖车虫的繁殖显得出奇无知。我就真切地看到过,拖车虫彼此撑着背部,把它们的外部排泄管(亦称排气管)交结在一起,交配方式跟许多脊椎动物很相似。幼虫基本上由雌性抚养。幼虫出生后,会在各亚种特定的哺育区聚集成一排长队。从幼虫到成虫的显著形态变化尤其让人费解,幼虫的头胸腹是连着的，成虫则完全是分节形态。

桑塞塔（Connie Sancetta）

华盛顿

▶ 完全一致

斯福尔扎（Cavalli-Sforza）（著名的人口遗传学家）和鲍科克（Bowcock）最近估计[1]"欧洲人只是在大约30000年前才出现，而且有65％的亚洲血统和35％的非洲血统（±8％）"。我得知后十分高兴把它用在一些相关表格上。而且就因为这个，我最近博得了医院（迷人的黑人）接待员的同情，他把我的资料统统输入了数据库。

芬戈尔德（Leonard Genghis Khan Umslopogas Finegold）

宾夕法尼亚州费城德雷克塞尔大学物理系

又：这是不是也是我喜欢印度和中国食品的原因？

[1]《纽约时报》，1993 年 7 月 27 日，p.C9。

▶ 被粉饰的观点

我的一个朋友是研究灵长类动物大脑进化的神经解剖学家。他之前用恒河猴进行大脑研究，我可以告诉你，他做完研究的时候，恒河猴都变成了碎块。

瓦达华斯（Stephanie Vardavas）

华盛顿

chapter 7

医学与生物学

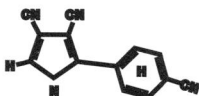

这里有一些毫无意义的问题，因为这种问题而困扰实在很诡异。

1. 为什么很多博士一定要在正式发表的论文中把"M.D."（医学博士学位）和名字放在一起？

2. 为什么很多哲学博士在正式发表的论文中并不一定把字母"Ph. D."（哲学博士学位）和名字放在一起？

3a. 医学博士、研究型科学家、医学博士学位兼哲学博士这三者有没有等级高低？

3b. 在生活中人们会不会因为把头衔叫错而树敌？

本章提供了来自实验室、诊所及隔离中心的有用医学结果。

标准是很重要的。如果一位医生的诊断被另一位医生接受的话，那他们对相关内容肯定是意见一致的。杜比克（Mike Dubik）和伍德（Brian Wood）的论文："大头钉有多死？"（How Dead is a Doornail？）为一个比喻确立了一个稳固的——或是坚实的——基础。米歇尔（Thomas Michel）的"政治正确的心脏病学指南"（Political Correct Guide to Cardiology）把一整套旧标准予以修正，使其更迎合现代情调。他的工作或许也意味着人们能够把理智与情感区分开。

信息素是许多生物用来传递信号的气味化学物质。大众直到最近才知道它们的存在和威力。我们的"神秘的信息素券"（Mystery Pheromone Coupon）能用在一切仍在呼吸的哺乳动物上。

斯坦（Alexandru Stan）的"小鸟样的多形胶质细胞瘤"（A glioblastoma multiforme that Resembles Little Bird）和 勒 贝 尔（Robert Roger Lebet）的"月亮上的胎儿"（Fetal Man in the Moon），展示了医学成像的意想不到的结果。从莫兰（Jeffrey Moran）的"保肝的五十种方法"（Fifty Ways to Lore Your Liver）一文中可以看到，可以从很多角度来考察一个目标。

在儿科里，触摸是很重要的。如果家里有小孩，你不妨复印一份汉森（C.L.Hansen）的"吮吻孩子身上擦伤的医疗效果"（The Medical Effect of Kissing a Boo-Boo）给医生。

我们都担心医疗费用上涨很快，《不大可能的研究年报》有些削减医疗费用的积极倡议。其中最简单的莫过于"弹起式医学体温表"（The Pop-Up Medical Thermometer）。

大家都拿牙科医生开玩笑。我们也未能免俗。例如，图弗森（A.J.Tuversen）和鲁金（Stanley Rudin）的"无名牙医之墓"（The Tomb of the Unknow Dentist）和马丁的"牙齿用微型鲁格手枪"（The Dental Micro-Luger）。

"向您推荐"栏目是从大量"严肃的"研究文献中挑选一些有用的介绍给大家的，本章除了"向您推荐"栏目外，还有"孩子总是孩子嘛！"栏目。我们意识到许多医生寄给我们的医学报告，都是在提醒我们注意优秀青少年的思想，所以"孩子总是孩子嘛！"就应运而生了。我们没有改变杂志其他部分的风格，只是把最精彩的素材分在不同的栏目而已。引以为豪的是，"孩子总是孩子嘛！"栏目里的信息来源，是男女比例差不多的。这里描述了"不同年纪的青少年做的，或者为他们做的和性有关的研究"。

大头钉死到什么程度了？

医学博士杜比克和医学博士伍德

• •

　　就算没有数千年，也有数百年了——钉子是死物，已然是公理了。"死得像大头钉一样"的短语，是不言而喻的。所以人们常常称确认死亡的人为"像大头钉"。

　　如今先进的维生设备，能检测无脑部活动患者的心肺功能。这种能力造成了法律、道德和宗教上的难题。一代人以前，只有少数把这当做纯理论问题的伦理学家在研究。

　　可是现在大多数国家都有脑死亡相关的法律。美国医学协会、美国律师学会、美国神经病学协会和美国儿科学学会，共同组成一个"特种部队"[1, 2, 3, 4]已经认可如下的死亡定义：包括脑干在内的整个脑部功能的不可逆停止。

　　如果这种死亡定义有效的话，那就应该能把这种依据跟历经考验的、公认的"大头钉"标准作比较，我们就是这么干的。

　　我们对一枚1986[5]年造的大头钉（见图1）进行了长时间的观察和彻底检查，并做了脑电图（EEG）。

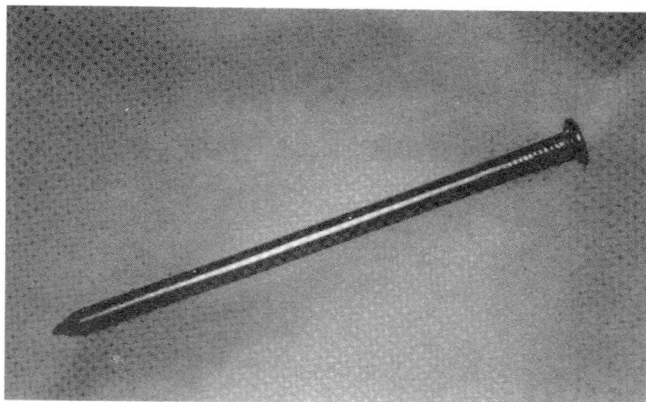

图1　研究对象。

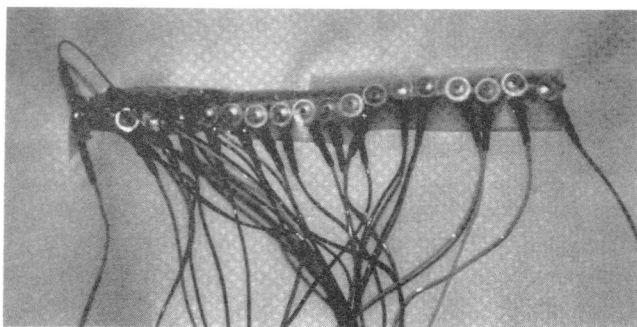

图2　在做脑电图的大头钉。

我们的研究结果

24 小时内对大头钉反复检查和仔细观察。

1. 该钉子没有显示出任何意志活动的声音。

2. 该钉子没有显示出自发的目光活动，也没有觉察到呼吸活动。

3. 没有体位活动的迹象（去脑或去皮）。

4. 该钉子没有任何自发或诱发性的活动。

因此，该钉子符合死亡的"物理"依据。[3、4]

绘制精确可靠的脑电图，有助于诊断脑死亡。我们进行了 30 分钟的脑电图以确认脑电静止（见图 2）。对幼儿来说这是常有的事，因为不能满足至少 10 厘米的电极间距，就不可能看到标准的 10 厘米电极间距。当把电极间的距离相应减至钉子头部大小时，脑电图是平的，对唤醒刺激也没有电反应。我们给大头钉唤醒刺激时，没有什么反应。

我们得出结论：现代医学文献中描述的死亡依据 [1、2、3、4] 是有效的，临床医师可以有把握地应用它。

注释

[1] "Detemination of brain death," Ad Hoc Committe on Brain Death（The Children's Hospital, Boston, MA）, *Joural of Pediatrics*, Vol.110, January, 1987, pp.15-19.

[2] "Guidelines for the determination of death," President's Commission for the Study of Ethical Problems in Medicine and Biomedical and Behavioral Research, Washington, DC, *Journal of the Amercican Medical Association*, Vol.246, 1981, p.2184.

[3] Report of a Special Task Force: Guidelines for the Determination of Brain Death in Children, *Pediatrics*, 1997, Vol.8, No.2, pp.298-300.

[4] "Guidelines for the Determination of Brain Death in Children," Task Force for the Detemination of Brain Death in Children, *Neurology*, Vol.37, June.1987, pp.1077-1078.

[5] 进行本项研究时，钉子年龄为 7 岁。

2 神秘的信息素券

本文发表于《不大可能的研究年报》1卷4期（1995年7月／9月号）。

• •

不大可能的研究年报
神秘的信息素券

这张纸会让你吸引力爆棚，它可能含有让你诱惑异性的、称作信息素的化学吸引物质。

把它折起来，放兜里，随身携带。

警告

1. 和影响异性比起来，本特定券影响你自己的可能性也为50%。

2. 可能易燃。

3. 不得内服。

4. 不得把它带进飞机或其他封闭的空间。

5. 不得从飞机或其他封闭的空间取走。

6. 不得邮寄，感受者的性别和对券的反应是很难预测的。

7. 如身边有异性昆虫，不得使用。

8. 本产品的制造过程绝无动物伤害。但不保证在哺乳动物的使用中——特别是呆滞的物种—— 一点残忍都没有。

9. 责任自负。

10. 祝你好运。

3 小鸟样的多形恶性胶质次瘤

本照片见《不大可能的研究年报》1 卷 1 期封面（1995 年 1 月 /2 月号）。

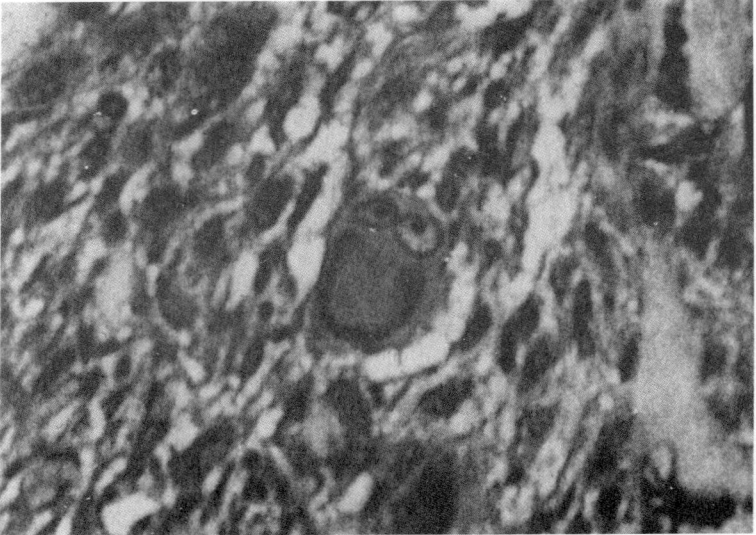

小鸟样多型恶化性胶质瘤的显微镜照片。

4 保肝方法多种

本文发表于《不大可能的研究年报》1 卷 4 期（1995 年 7 月 / 8 月号）。

. . . .

莫兰

向西蒙 *（Paul Simon）致歉

她说，这个器官不在你脑袋里。
解剖学上来说，它在腹腔里。
我愿帮助你了解它，
一定有 50 种方法可把肝保护。

她说，其实这里并不能，
把食物消化成小分子，
但它却能造胆汁渗到肠里，
一定有 50 种方法可把肝护理。

齐声朗诵：
杰克，你别把嘴咂。

----

* 保罗·西蒙：美国民谣摇滚歌手，本文歌词主要是模仿他的一首代表作《离开情人的 50 种方法》（50 Wags to leave your lover）。——译者注

斯坦，你多吃一些麦片。
罗伊斯，且听我把话拉，
作出正确的抉择。
苏，你得戒酒。
别让皮肤发黄，朋友。
吉恩，蛋白质吃不够。
让你的肝不发愁。

她说，肝炎使你的肝疼痛，
你知道，肝炎通常源自病毒，
这些病毒藏身于污染的食品中，
用过的注射器中。
保肝方法一定有 50 种。

她说，记着肝硬化让你痛哭。
这都是酗酒作的恶。
我明白尽管她有一肚子苦水，
但一定有 50 种方法可把肝保护。

吮吻孩子身上擦伤的医疗效果

本文发表于《不大可能的研究年报》1卷5期（1995年9月/10月号）。

汉森

明尼苏达州明尼阿波利斯

明尼苏达州立大学辅助病理学系

　　小朋友受轻伤时，一般父母亲都会涂点温和的药，想办法安慰他们。父母亲经常会对伤口施加接触压（一个吻）以"帮助愈合"。尽管这种疗法自古就有，实践过的人们都觉得肯定灵验，但吮吻伤口作为身体自然愈合的辅助手段是否真正具有医疗效果，临床医师们还是有存疑的。[1, 2]

　　相关问题不少。比如是不是一定要妈妈来亲呢，爸爸或者其他有血缘关系的亲属行不行呢？特定的口头安慰有用吗？如果有，是怎么生效的呢？

吻的研究

为了研究吮吻对各种伤口的治疗效果，我们采用了下面的实验方案：

我们用 18 个月时间来监测儿科创伤高发区。如儿童游乐场的秋千和滑梯附近、树屋下，自行车道的陡坡下等。如果有小朋友受伤，研究人员就跟着他或她回家，征得家长同意后，观察和记录疗伤过程。

在被调查的 24617 名候选受伤者中，我们获得了 23 例同意。大约有一半家长用了吮吻疗法，另一半没用。我们记录了治疗期间的细节和其他情况，然后逐日跟踪随访，直至治疗结束。

主要研究结果

数据清楚地表明，吮吻伤口的确有助愈合。用施吻压法治疗各种创伤的过程表明，儿科轻伤的平均愈合时间缩短了 5.2 天。

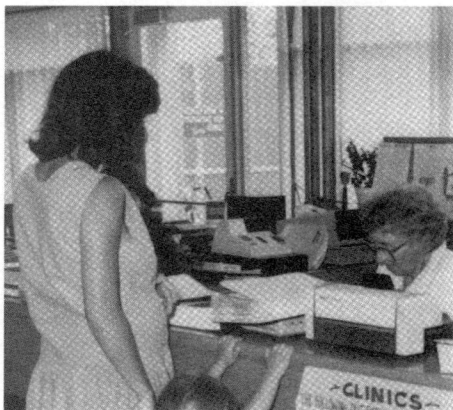

一名患者（在监护人的陪同下）接受吻疗后一周的跟踪调查。摄/佩切克（Brece Petschek）

很显然，吮吻疗法是有用的。表 1 中最后一类愈合极慢的情况值得注意，目前还无法解释这种反常情况。

监护人

有些场合下，治疗不是由妈妈而是其他成年监护人做的。数据表明，大多数情况下，治疗者跟孩子的关系无关紧要。

包扎

我们发现，怎么包扎跟愈合速度没有什么相关。从包扎情况看，不同类型的愈合速度难分高低。

总结和建议

在大多数情况下，吮吻的确能"促进愈合"，不管伤口轻重，都有用。而且这种效果跟吻的人到底是孩子的什么人没关系。

大多数情况下，不同包扎差别不大，但是，某些包扎的效果远不及平均情况。建议临床医师在危急的情况下避免使用"蓝精灵"创可贴。

吮吻儿童创伤的效果缺乏明确的生理学解释，这多少有点出人意外。但是，我们不反对习惯做法，尤其临床上是有效的。这至少是个安慰。[3]

类型	轻重程度	数量
A型（"擦伤"）	1	12
B型（"伤痛"）	2	7
C型（"重伤"）	3	3
F型（"刺痛"）	7	1

表1：创伤类型。

类型	愈合时间（天）	
	用吮吻	不用吮吻
A型（"擦伤"）	21.7	26.9
B型（"伤痛"）	24.5	29.7
C型（"重伤"）	25.7	30.9
F型（"刺伤"）	56.0	–

表2：不同创伤类型的愈合速度。

监护人	数量	愈合时间（天）
母亲	8	26 ± .6
父亲	9	26.3 ± .8
阿姨	5	27.2 ± .6
保姆	4	26.5 ± .5
哥哥	1	56.0 ± 0

表3：不同监护人的治愈速度。

材料	数量	愈合时间（天）
强生创可贴（透明的）	6	26.3 ± .7
强生创可贴（肉色的）	7	26.5 ± .6
Curity 无痛创可贴	9	27.1 ± .5
蓝精灵创可贴	1	56.0 ± .0

表4：不同包扎类型的愈合速度。

注释

[1] Melvyn Sneath，"Osculation revisilecl，" *Maledictus*，Vol，47，June 1987，p.3523.

[2] Otto Grompus，"Excess Mortality Due to Pendiculation，" *Death and Morbidity Quarterly*，January 1991，p.23.

[3] "Points to Ponder，" *Reader's Digest*，July 1990，p.153.

6 月亮上的胎儿

本文发表于《不大可能的研究年报》1卷2期（1995年3月/4月号）。

●●

这张超声波扫描图，是经阴道超声妊娠 5 周时的情况。左面的暗区是充满液体的妊娠囊，液体区域内的小白圈是卵黄囊。右方的白色区域是紧挨着的胎盘滋养层。这里看不到胚胎，但从别的角度可以看到，发育正常。伊利诺伊州埃尔姆豪斯特遗传学中心勒贝尔（Robert Roger Lebel）同意转载本照片。

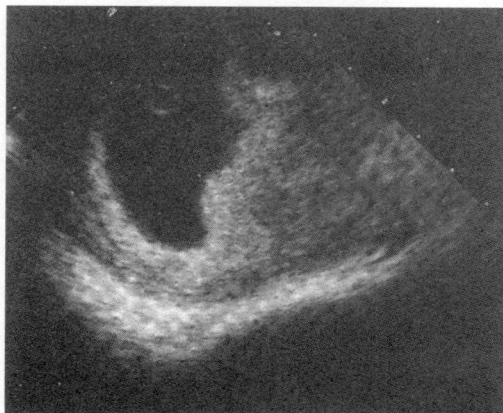

政治正确的心脏病学指南

本文发表于1993年。

医学博士、哲学博士米歇尔
马萨诸塞州波士顿哈佛医学院
布赖汉姆妇女医院心脏病学部

政治正确的心脏病学家应该知道这个领域正在形成的术语，因为貌似不久的将来，如果患者被诊断为"政治不正确"类疾病的话，内科医生可能就不能要求他们付费了。

众所周知，用来形容特定疾病的诊断术语，对患者的健康、自我形象以及病愈时间等都有很大影响。诊断应该有积极作用，而不是贬低作用，这可想而知。诊断应该映射出患者克服病痛的能力，而不是被医疗业审判性的、没人情味的、家长式作风给蒙住了。在这方面，心脏病的术语特别令人不安。

表1总结了各种常用心脏病的诊断，这里将其翻译为政治正确的术语。

心力衰竭可能是最常见的心脏病诊断，但这个词是个贬义词。

它就相当于"你的心脏完了"。而"肌收缩力遇考验"这一术语，就表明实际的心脏收缩状况还有好转的余地。"舒张衰竭"也是同样的情况，心脏不能舒张，同样不应该用"衰竭"两个字。

"病态窦房综合征"，长期被用来形容一个患者的心脏主要起搏点（窦结）搏动过慢。然而这病征似乎更像是上呼吸道感染，"病态"这个词有把价值判断强加到重要心血管器官上的意思，换成"心律遇考验"或"收缩不足"就好些。

重点是，应该用褒义词表达心脏的多样性，而不是贬义词。"失常"这个术语通常用于吸毒的人格障碍患者，我们目前只是根据"非主流"的生活方式来识别后者。同样，只是因为电脉冲从心房找了条新路到心室，就被说成"传导失常"，简直是诋毁。还有，描述心脏的心电图轴时，也要避免使用有"偏离正轨"含义的词（"心轴偏左"）。

"下壁心肌梗死"这一术语已开始通用。可以想像一下这样的画面：患者从医院回到家里，八卦的朋友们问："你得的什么心脏病？"如果回答"他们说我下壁心肌梗死"，朋友们肯定会质疑反驳的。所以还是用符合解剖学和历史正确性的术语"隔膜二尖瓣关闭不全"好了。

心脏瓣膜疾病也不应该用贬义和有价值判断的词汇。像华盛顿卫生委员会那样只是因为心脏瓣膜有点渗漏，就说它"不能胜任"或"机能不全"，简直是极其冷漠无情。若二尖瓣阀渗漏，血液就会倒流，那就说患者心脏是"二尖瓣可逆流"不就好了吗？类似的词汇也能用在其他渗漏的心脏瓣膜或是心房间的偶然"缺损"。要是左右心房之间有孔，就说成"房间可过血"就行啊，比现在的"房间隔缺损"好多了。

"老年钙化主动脉瓣狭窄"这个词，通常用来形容老年人的狭窄主动脉瓣阀，这会使心脏的血液流量减少。但"老年"这个词的含义已经超过心脏所在的范围了，用"资深主动脉血流量有异"，也能让患者少伤点心。

尽管我们已经尽了最大努力，但肌收缩力遇考验和收缩损害，跟多重逆流综合征一起，会导致许多人体器官系统功能下降。而"多系统器官衰竭"这个词，多少有点判决和强迫的味道，还是用"代谢遇考验"比较好。这种状态如果过于频繁，患者就到了"代谢异常"或"熵变"状态，也就是死亡。如果还没有享受到现代的、政治正确的、人性化的、激励性的、被许可的和敏感的心脏病术语的话，患者就不该落到熵变的地步。"心脏就是心脏，就是心脏……"

政治正确的心脏病学指南

不要说患者有：	应该这么说：
心力衰竭	肌收缩力遇考验
舒张衰竭	舒张受考验
病态窦房综合征	心率遇考验
传导失常	交替传导
心轴左偏	可以左行
下壁心肌梗死	隔膜二尖瓣关闭不全
凝固性太高	流变有异
主动脉（二尖瓣）关闭不全或功能不全	二尖瓣可逆流
房间隔缺损	房间可过血
不宜外科手术	可用心脏病药物治疗
老年主动脉狭窄	资深主动脉血流量有异
多系统器官衰竭	代谢受考验
死亡	代谢异常，熵变可行

◢8◣ 弹起式医学体温表

本文发表于《不大可能的研究年报》1卷1期（1995年1月/2月号）。

德鲁

· ·

　　住院部一直需要一个经济简单的办法来判断患者的出院时间。康复缓慢的患者，会一直躺在病床上，比应该出院的时间多躺几天或一周。而现在有了一种新型的体温表，可以批量生产，成本不到4美分／个，每年可以节省数亿美元的医疗费用。

　　把弹起式医用体温表植入患者皮内或放到体孔中，患者退烧时，体温表的内筒就弹起，表明患者该回家了。这项技术本来是为家禽业开发的，这是第一次用到生物医学上。

注意：把弹起体温表植入腹部时，偶尔会引起感染。要是放在直肠里就没问题了。

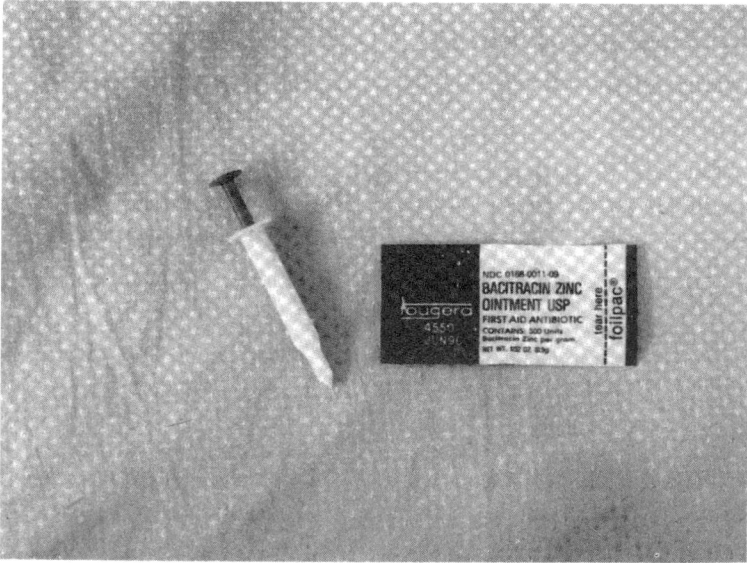

弹起医学体温表，本来是为家禽开发的技术。最原始的版本是用来显示鸡肉完全煮熟的时间的。摄／德鲁

9　无名牙医之墓

本文发表于《不大可能的研究年报》1卷2期（1995年3月/4月号）。

图弗森

＊＊＊＊＊＊＊＊＊＊＊＊＊＊＊＊＊＊＊＊＊＊＊＊＊＊＊＊＊＊＊＊＊＊＊＊＊＊

　　俄亥俄州的小村庄利马靠近鲁特运河西岸的地方，来自30个国家的牙医们在"无名牙医之墓"前竖立了一块纪念碑。没人知道刻在图腾上的数字的含义，也没人知道那位牙医。

纪念物底座上的铭文为：

　　漱、吐，

　　漱、吐，

　　不痛不痛。

　　我的汞合金人生啊

　　和那些张嘴望天的人们，

　　进行单边会谈

　　他们那沉默的热望

无名牙医之墓前的纪念牌。摄/鲁金（Standley Rudin）

还有那崩坏的牙齿
我倾听他们的痛苦，
触摸他们的龋齿。
我耐心倾囊相授：
我说啊，
说啊，
说啊，
说啊，
现在他们尝到牙钻的滋味了。

牙用微型鲁格尔手枪：原始技术

本文发表于《不大可能的研究年报》1卷2期（1995年3月/4月号）。

马丁

北卡罗来纳州卡里外科副医助短训班

· ·

　　和其他领域一样，牙科学中的微型技术正在改变我们的工作方式。你可以看看 X 光片里的病例，医生用微型鲁格手枪来分解阻生智齿。这种办法在最后拔牙时对患者的伤害比较小。

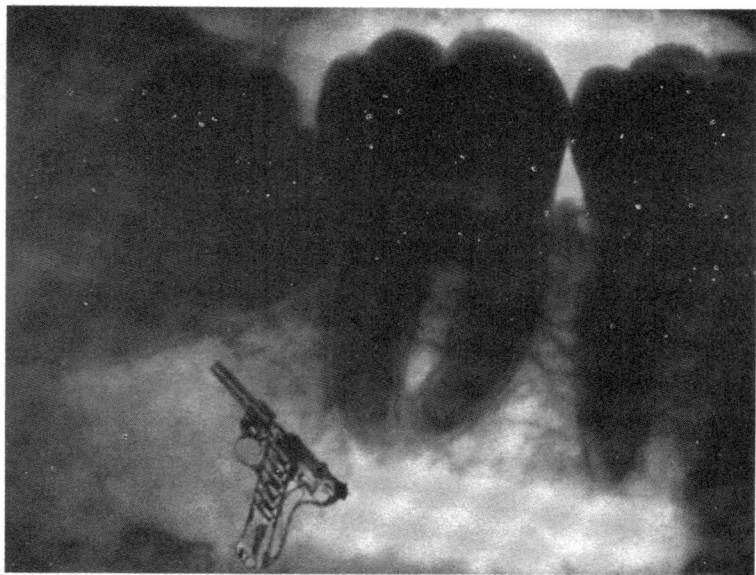
牙科微型鲁格手枪在拔除智齿手术中的运用

微型鲁格手枪是德国开发的，临床应用还待批准。目前，各国对于拥有和使用的限制是不一样的，美国一些州，关于牙床操作器械的争论很是激烈，甚至已经上升到了政治高度。

科学八卦

浓缩100%内幕新闻
德鲁 汇编

▼ 和谐牙科

对美国和加拿大的 16000 多名牙医的调查显示，不管什么问题，5 个牙医里总有 4 个是意见一致的。

▼ 名流内幕

畅销书出版商正忙着应付《名流们的 X 光片》(*X-Rays of the Rich and Famous*) 一书引起的波澜。这本书是前放射科技术人员贝蒂 (Betty) 和弗朗西斯 (Irving Francis) 收集的影像集。尽管他们已遭到书中的一些患者及拍下这些片子的医院的起诉，但这本书仍可望占领畅销榜。书预计在圣诞期间发行。

▼ 亚原子顺势疗法

批判顺势疗法的人们有强硬的证据：顺势疗法治疗师们用了那么多的水来稀释物质，显然最开始的物质连一个分子都不会剩下。医生和医学研究者通常觉得顺势疗法治疗师们愿望还是好的，但是行为本身就不好说了。由于格拉斯哥的"高能顺势疗法中心"的林克莱特 (Deborah Linklater)、达尔齐尔 (Angus Dalziel) 及其同事在理论上的突破，上述情况也许即将改变。林克莱特和达尔齐尔指出，他们不久就会发表证据，表明顺势疗法物质完全由离解的夸克和其他亚原子粒子组成，这种物质还能中和水。

▼ 可以品尝的油漆

很多小朋友喜欢吃油漆碎屑。很多小朋友营养不良。这两个事实是新公共卫生运动的基础。洛杉矶营养油漆股份有限公司（Los Angeles-based Nutripaint Corporation）即将推出一种新产品——一种无毒又富含维生素的可食用家装油漆。他们用这样一句广告语开始了宣传："让他们吃油漆吧！"

▼ 脂肪折扣

餐馆老板都能用上分子遗传学的新发现了。科罗拉多大学医学院的小克恩（Fred Kern, Jr.）和威克福雷斯特大学鲍曼格雷医学院的温伯格（Richard B.Weinberg）发现，有些人带有一种基因，能让他们吃了高胆固醇食物后不增加低密度脂蛋白（它是能把胆固醇沉积在动脉壁上的载体分子，简称 LDL）。一个大型连锁餐厅不久将敦促顾客做血检，看看他们是不是携带这种基因。如果有这种基因，顾客就能获得法式炸土豆条和超高脂汉堡牛排的折扣券。[详情可见1993 年 11 月 20 日《科学新闻》（ Science News ）。]

德鲁 汇编

▼ 甜蜜的分娩

"产后糖果礼盒净重的预期研究：与婴儿出生时体重的关系"（A Prospective Study of Postpartum Candy Gift Net Weight：Correlation with Birth Weight）《妇产科学》（ *Obstetrics and Gynecology* ），1993 年，82 卷，156~158 页。[感谢罗斯纳（Stephan Rossner ）提供线索] 数据是从助产士那里收集来的。助产士们记录了心怀感激的父母给她们的巧克力礼盒的重量和各自婴儿出生时的重量，两者之间没有相关性。

▼ 纽约的球棒创伤

"纽约北部扬基露天体育场的击球比赛对钝挫伤的影响"（Impact of Yankee Stadium Bat Day on Blunt Truma in Northern New York City）伯恩斯坦（S.L.Bemstein）、雷尼（W.P.Rennie）和阿拉加潘（K. Alagappan），《急症医学杂志》（ *Annals of Emergency Medicine* ），1994 年，23 卷 3 期，555~559 页。[感谢芒德尔（Todd M.Mundle）提供线索]

关于在纽约北部扬基露天体育场发放 25000 根球棒前后，发生了多少钝性创伤，作者们设法确定。他们的结论是：

给在体育场里的人发放 25000 根木制棒球棒，并没有增加布朗克斯区和北曼哈顿地区的球棒伤人率。而白天的气温与球棒伤人率之间有正相关关系。所以急症医生认为击球比赛与球棒伤间有因果关系的说法，只是刻板印象，没有事实根据。

▼ 进入数字时代

"数字化的粪便样品"（The Digitally Obtained Stool Sample）（未署名），《急症医学杂志》，1993 年 12 月，25 卷 16 期，42 页。[感谢比德（Gauri Bhide）提供线索]

▼ 水蛭的精神病学反应

"水蛭的精神病学反应"（Psychiatric reactions to leeches）詹姆斯（W.A.James）、弗赖尔森（R.L.Frierson）和李普曼（S.B.Lippmann），《身心医学》（*Psychosomatics*），1993 年，34 卷，83~85 页。本研究的一部分是要指导患者"用水蛭进行自我恢复"。[感谢张伯伦（Kerry Chamberlain）提供线索] 该论述建议做法如下：

水蛭疗法初期，有些患者的焦虑程度可能会加倍。有些情况下，焦急不安、敌意和猜疑等表现可能预示着更严重的情绪障碍……水蛭导致的应激反应可能会加重抑郁症患者的自杀倾向，所以必须予以关注。

▼ 滥用牛奶

"与牛奶有关的类鸦片活性肽成瘾可能性的评价"（An assessment of the addiction Potential of the opioid associated with milk），里德（Larry D. Reid）和哈贝尔（Christopher L. Hubbell），《乳品科学杂志》（*Journal of Dairy Science*），77 卷 3 期，672~675 页。（感谢坎贝尔提供线索。）作者们的结论是，牛奶注射液"不可能成为上瘾的原因"。

▼ 三思而喝

"牛奶和思维障碍"（Milk and thought disorder）鲍尔曼（W. M. Bowerman），《正分子精神病学杂志》（*Joural of Orthomo lecular Psychiatry*），1980 年，9 卷，263 页。[感谢迪瓦恩（Kevin Devine）提供线索]

▼ 吸引注意

"特效尿布能造成混乱"（Super effective diaper can cause confusion），拉文（A. Lavin），《儿科学杂志》（*Pediatrics*），1986 年，78 卷 6 期，1173~1174 页。（感谢帕克（Gary Park）提供线索）

▼ 高空液流

"5400 米高的尿和血浆蛋白"（Urine and Plasma protein in men at 5400m）雷尼（D. Rennie）、弗雷塞（R. Freyser）、格雷（G. Gray）和休斯敦（C. Houston），《应用生理学杂志》（*Applied Physiology*），1972 年，31 卷，369~373 页。

▼ 外科时髦

"腹部拉链：外科妙招"（The Abdominal Zipper: A Surgical Surprise）
马丁内斯 – 爱宾斯（V.Martinez-Ibanez），罗列特（J.Lloret）和博伊克
斯 – 奥乔亚（J. Boix-Ochoa），Cirugia Pediatrica，1992 年 7 月，5 卷 3 期，
182~183 页。

我们得说下，《不大可能的研究年报》共同创办者科恩在 1958
年就用玩笑的方式首次提出了腹部拉链的概念。

▼ 误摩擦

"用金属洗涤器手淫治疗阳痿：痛苦的后果"（Masturbation using
Metal Washers for the Treatment of Impotence: Painful Consequences）
兰纳（A.Rana）和莎玛（N.Sharma），《英国泌尿学杂志》（British
Tournal of Urology），1994 年 6 月，73 卷 6 期，722 页。[感谢帕克
森（Vern Paxson）和希利夫（Ken Shirriff）提供线索]

▼ 胎儿哲学

布亭（Arthur Butine）职业发展基金资助了波特兰（俄勒冈州）
大学的一些老师的研究项目，具体的项目名单发表在该大学教职员
周刊《兴旺》（Upbeat）上（1995 年 1 月 30 日），里面包括：

蒙托（Martin Monto），社会学，4500 美元用以继续研究分娩的
意义。

▼ 出乎意料的结果：意味深长的时髦

"女性体型魅力的适应值：腰臀比"（Adaptive significance of female physical alternativeness: role of waist-to-hip ratios） 辛 格（Devendra Singh），《人格和社会心理学杂志》（*Journal of Personality and social Psychology*），65 卷 2 期，293~307 页。作者发现：过去 30—60 年里，"美国小姐"和《花花公子》女郎的腰臀比变化较小，大学男生们觉得腰臀比低的女性比腰臀比高的女性更动人、更健康，生殖能力更强。

▼ 时装模特儿的月经

"时装模特儿能来月经吗？"（Could mannequin menstruate?）林塔娜（Minna Rintala）和穆斯泰吉克（Pertti Mustajoki），《英国医学杂志》，1992 年 12 月 19~26 R，305 卷，1575~1576 页。[感谢林赛（Doug Lindsey）提供线索]

作者们解释道：

时装店里的展示模特儿可能会影响女性对理想体重的观念。我们调查了历年来模特的身材变化，并研究这种身材能不能提供月经所需要的足够脂肪……有着时尚的模特身材的女性可能不能来月经。

▼ 意料之外：狗咬人

"哪种狗咬人？风险系数的病例对照研究"（Which dogs bite？ A case-control study of risk factors）格什曼（K. A. Gershman）、萨克斯（J. J. Sacks）、赖特（J. C. Wright），《儿科学》，1994 年 6 月，93 卷 6 期，913~917 页。[感谢达菲（David Duffy）提供线索]

部分摘要如下：

结论：儿科医师应告诫家长，如果不给狗做绝育，或是养公狗、德国牧羊犬、中华松狮等品种，非家庭成员（通常是小孩）被咬伤的危险会增大。

▼ 洲际避孕效应

"口服避孕药一年疗程时的地图样舌"（Geographic tongue during a year of oral contraceptive cycles）瓦尔的摩（J.Waltimo），《英国牙科杂志》（*British Dental Journal*），1991 年 8 月 10~24 日，37 卷 3~4 期，94~96 页。

▼ 梳子的报应

"不能梳直头发综合症"（The Uncombable hair syn-drome with pili trianguli et canaliculi）杜普雷（A.Dupre）和博纳费（J.L.Bonafe），《皮肤病学研究结果档案》（*Archives of Dermatological Results*），1978 年，261 卷，217~218 页。[感谢罗斯（James Rose）和其他许多读者提供线索]

热诚欢迎你对本栏目提出建议。请附全部引文（不要节略！）和论文复印件。

孩子总是孩子嘛！

提供给男女老少的研究

李（Katherine Lee）

▶ 全天然发电

"用马桶发的电"（Electricity out of the Toilet Bowl）米勒（B. Miller），《研究》（*Search*），1994 年，25 卷 8 期，246 页。[感谢拉特雷（Paul Rattray）提供线索]

▶ 最终结果

"医院盥洗设施的调查"（A Survey of Hospital Toilet Faciliies）特拉弗斯（A. F. Travers）、彭斯（E. Bums）等，《英国医学杂志》，1992 年，304 卷 6831 期，878~879 页。

▶ 被批准的乱交

"乱性：高校中的危险见闻"（Sexual promiscuity : knowledge of dangers in institutions of higher learnings）埃朋（R. D. Ebong），《皇家卫生学会杂志》（*Journal of the Royal Society of Health*），1994 年 6 月，114 卷 3 期，137~139 页。[感谢谢里夫提供线索] 部分摘要如下：

大学生们一致认为，乱性的原因包括缺乏经济支持，缺乏家长和老师的指导。作者最后建议，高校中的教学大纲应包括乱性研究的必修课。

▶ 入境港

"食用精液对老鼠生殖力的影响"（Effect of ingested sperm on fecundity in the rat）阿勒代斯（R. A. Allardyce），《实验医学杂志》（*Journal of Experimental*），1984 年，159 卷，1548~1553 页。[感谢皮亚琴特（Barbara Piacente）推荐]

▶ 咖啡替代品

"清晨喝泡尿，补充褪黑素"（Melatonin supplementation from early-morning auto-urine drinking）米尔斯（H. H. Mills）、方斯（T. A. Faunce），《医学假说》（*Medical Hypothese*），1991 年 11 月，36 卷 3 期，195~199 页。[感谢福尔（Stephanie Faul）的推荐]

作者报告道：

喝下人清晨的第一泡尿，是瑜伽修行者的传统……由于能使血液中的酯类和褪黑素早期分离，故能恢复夜间血浆褪黑素的水平。外源性褪黑激素……可能是清晨尿的效用。

▶ 脑尿图描绘术

"排尿时的脑活动图"（Mapping of Brain Activity During Urination）1955 年 11 月在神经科学学会年会上荷兰格罗宁根大学的勃洛克（Berfil Blok）发表的谈话。[感谢特拉维斯（John Travis）推荐]研究人员的困难已经跃然纸上：

第一张脑图是人在膀胱充盈时绘制的，第二张是膀胱排空后绘制的。14 个志愿者中有 9 个能在这种人为的困难下排尿。

▶ 计算机科学神秘的深处

"在 CRAP* 上设计高效并行算法"（Designing efficient parallel algorithms on CRAP）高忠旺（Tzong-WannKao）、洪雪金（Shi-Jinn Homg）、王育理（Yue-Li Wang）和崔红伦**（Homg-Ren Tsai），《IEEE 并行及分布式处理》（*IEEE Transactions on Parallel and Distributed Systems*），1995 年，6 卷 5 期，554~560 页。[感谢科夫哈奇（William Korfhage）提供线索]

▶ 数豆专家

"平面几何的进一步研究"（Further studies in flatometry）范（D. Fan）、汤姆林（J. Tomlin）和利基（C. L. A. Leakey），论文于 1995 年 10 月 25~28 日在密歇根州东兰辛马里奥特大学广场举行的"豆科植物增产合作会议"上发表。[感谢克拉克（Bob Clark）提供线索]

▶ 症结

"交配是保持豪猪一夫一妻制的可能机制"（Copulation as a possible mechanism to maintain monogamy in porcupines, Hystrix indica），

---

* 　小写的crap 是一个单独的词，意为废话或屎。——译者注
** 　人名均为音译。——译者注

塞维尔（Z.Sever）和门德尔松，《动物行为》，1988年，36卷5期，1541~1542页。[感谢库珀（Wendy Cooper）提供线索]

▼ 安全的座位

"淋病双球菌和马桶座"（The Gonococcus and the toilet seat）小吉尔博夫（James H.Gilbaugh，Jr）和富克斯（Peter C.Fuchs），《新英格兰医学杂志》（*The New England Journal of Medicine*），1979年，301卷2期，91~93页。[感谢查尔顿（J.E.Charlton）提供线索]该论文如下：

……很显然，被淋病双球菌的脓污染的马桶座上会藏有一些能生存几小时的病菌。但……（我们发现）……作为直接病源，被污染的手纸藏细菌的可能性更大。

这些信件收集自《不大可能的研究年报》各期。

▼ 绝妙的影像

随信附上我收藏的几张肾结石照片。请一定小心保管，因为这是我全部的收藏了。建议把 23 号照片用在封面上。长得像英国前首相撒切尔夫人的肾结石，可真难看。要不，用 9 号那张看上去像拖鞋的也行。

勒斯（B. T. Loess）

德国汉堡

▼ 冷却的热情

最开始看到"弹起式医学体温计"的报道时，我觉得很讨厌。这种体温表本来是用在家禽饲养业的，现在医院却用在人身上，判断病人什么时候可以出院。但是后来我在医学文献上偶然看到这一引文——诺夫里特（R. G. Norfleet）、谢尔文（G. Skerven）和查特顿（H. T. Chatterton）的"由乙状结肠取出'弹起式肉类体温计'"[《临床胃肠病学杂志》（*Journal of Clinical Gastroenterology*），6 卷 5 期，477~478 页]。我要为我之前的怀疑向你们致歉。愿你们继续出色地工作。

普莱斯特博士（Lynn Pleister）

加利福尼亚大学

洛杉矶分校

▼ 图像纠正

谢谢你们发表我收集的肾结石照片。我之前说封面上的这张照片是形似撒切尔夫人的肾结石——我错了，这不是肾结石，就是撒切尔夫人的照片。

勒斯

德国汉堡

▼ 藏书家和性狂热者

莫兰的韵文"保肝方法多种"应把菲利普·罗斯（Philip Roth）的著作《波特诺伊的怨诉》（*Portnoy's Complaint*）列为参考文献。其核心在于，书里面的勇士用一块生肝来刺激性欲。不管怎么说，他是我的偶像。

西格尔（Erie Siegel）

纽约州纽约市

▼ 烤书

我对很多化学物质过敏，尤其是对农药和印刷品（激光复印或印刷的杂志、报纸和一些书籍）过敏严重。多年来，我读书前都得把书彻底烘烤。普通平装本好像没问题，但开本大的软面的书，像是食谱，就会使我发一身疹子。你们有没有关于烤书的资料？据我所知，给书加热能有效加速除气过程，今天我就把一本传奇小说加热到了250度，持续了半小时，但这也只是靠猜测来做的实验。希望在烘烤贵刊前，能得到更详尽明确的指导。

医学博士拉马克（H. D. Lamarck）

法国曼斯

▼ 舔艾滋病

上班途中，我和妻子听到新闻说，研究人员发现唾液能对抗艾滋病病毒。我立刻推测，这大概是因为某位工作人员干活太累，薪水又底，于是一时冲动就朝艾滋病病毒培养皿里吐了口唾液的结果。但这个发现又让我们很疑惑：小狗总是频繁地舔自己的生殖器，那它们就不容易感染艾滋病了吗？如果在交配前后或交配时舔生殖器能减少艾滋病传染的话，你们怎么不先考虑这神圣的权利就传播这一消息呢？研究人员经常会因为没有被试而回避人体试验，那作为预防艾滋病的一部分口交实验中，他们也会限制志愿者人数吗？

劳伦斯（Lawrence）和科林斯（Angela Collins）

阿拉巴马州莫比尔市

海洋发展研究中心

奥本大学

chapter 8
数学与模型（模特）

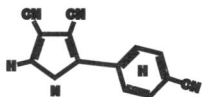

数学一向以枯燥深奥闻名，其实事实并不如此。人们往往认为，如果数学家们在穿着上心不在焉的话，他就是个聚精会神的教授，因为他们的心思都在更美妙的事物上，比如真相、美和钱。

20世纪七八十年代，政府投入大量资金开发一种激动人心的、但定义不怎么清楚的概念：人工智能。数学家和计算机学家在思维和金钱上都过得很奢侈，至少有一阵是这样。"人工智能的进展"就是他们的成果的得意总结。

也许你从来没有特意关注过电话号码，吴祎伦（Yihren Wu）和钟晓辉（Xiaohui Zhong）却对此作了绝妙的思考，他们的研究名为"电话号码的数学"（The Mathematics of Telephone Numbers）。

数学家也经营"真理"这种据说现代已经没什么价值的东西。克里本（Joseph Cliburn）、拉斯（Andrew Russ）和他们的同事发掘到迪伦（Bob Dylan）的歌里关于数学价值和真理的精髓。他们在"用迪伦模型衡量的爱情价值"（The Value of Love, Using the Bob Dylan Model）中阐述了他们的研究结果。

用简单的数学技巧就可以把很多乱七八糟的东西搞清楚。20世纪60年代初出版的库恩（Thomas Kuhn）的《科学革命的结构》（The Structure of Scientific）一书，"范式"（paradigm）一词逐渐出现于无数浮华的报告和夸大其辞的讲话中。施韦勃（Bill Schweber）的"范式悖论"一文，追踪了这一恶词的兴衰。在"发泄"栏目中有一封读者来信，这位读者根据施韦勃的文章得出了清楚的结论。"发泄"还包括最高产的记者多德（Harold P. Dowd）的来信。

数学家喜欢词语，也喜欢将词语压缩成符号。"数学：异位构词法"（Mathematics—an Anagrammatical Tale），说明了跟算术打交道的人也有充满诗意的一面。

数学是纯粹的，它与理想之物打交道。数学家比其他科学家更讲求优美和雅致，在科学家／超级名模对称小姐的"对称饮品"（SymmetriCal）广告中和《不大可能的研究年报》年度泳衣专刊"科学泳衣美人"（Scientific Swimsuit Sweeties）写真集里，或是在霍普金解释她怎么想到和实现"科学挂历上的肌肉男"（The Studmuffins of Science Calendar Project）中，都能看到这种美妙。

人工智能的进展

本文发表于《不大可能的研究年报》1卷3期（1995年5月/6月号）。

格吕默（Albrecht Grumme）

德国法兰克福人工智能研究所

施梅尔蔡森（Fritz Schmelzeisen）

德国汉堡人工智能医院

赫姆基（Helmut Helmke）

德国科隆人工智能股份有限公司

2 电话号码的数学

本文发表于《不大可能的研究年报》1卷5期（1995年9月/10月号）。

吴祎伦

纽约州霍夫斯特拉大学

钟晓辉

密歇根州底特律市底特律大学

本文中，我们研究了如下数学表达式：

$x_1x_2x_3 - y_0y_1y_2y_3x_i$，$y_i \in \{0, 1, 2, ..., 9\}$

这种表达式通常被称为电话号码，其中包括三位数和四位数的减法。这种号码每年由和贝尔实验室合作的本地电话公司编制和发行。[1]

与贝尔实验室的其他学术出版物的默默无闻不同，电话号码簿受众很广。所以在号码簿中刊登号码是不需要费用的，但如果你不刊登，就要另外付费了。政府或其他方面也没有专刊来鼓励所有人都刊登号码。

有个表能囊括我们的研究结果，但这个表太大（1000×10000），这里是不能放了，表1展示了一部分。有需要的话，我们有完整电子版。

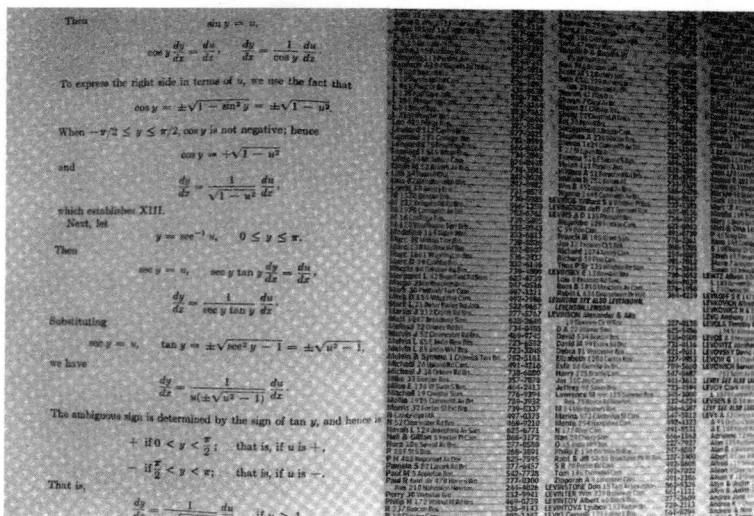

数学和电话号码。

目前已有的电话号码结构都挺复杂的，其中有一种表示长途电话号码。形式为：

$$313\text{-}463\text{-}1645$$

照这种样子，由于减法是不能用结合律的，所以该表达式是有歧义的：

$$(313-463)-1645\neq313-(463-1645)$$

我们用苹果电脑自带的计算器计算过了，公式左边为-1895，右边得 +1495。其实都不用实验，因为减法的非结合性是众所周知的事实。[2]

–	0000	0001	$\cdots$	1645	$\cdots$	9999
000	0000	-0001	$\cdots$	-1645	$\cdots$	-9999
001	0001	0000	$\cdots$	-1644	$\cdots$	-9998
$\vdots$	$\vdots$	$\vdots$	$\ddots$	$\vdots$	$\ddots$	$\vdots$
463	0463	0462	$\cdots$	-1182	$\cdots$	-9563
$\vdots$	$\vdots$	$\vdots$	$\ddots$	$\vdots$	$\ddots$	$\vdots$
999	0999	0998	$\cdots$	-0646	$\cdots$	-9000

表1：电话号码，这只是完整表格的一部分。

另外一种表示长途电话号码的方式（尽管不常见），是更奇怪的乘法：

$$(313)463-1645$$

在这个乘式中，（313）463 的乘积可被解释为面积（area），乘积中第一个数 313 则为面积代号（area code）。但是，一条长曲线总是能填满一个二维区域的想法是错误的；据皮亚诺（Peano）的报告 [3]，这种情况只在很罕见的条件下存在。有人会认为，如果曲线是闭合的，那曲线就是这个区域的界限了，面积就是长途电话号码数字的乘积了。[4] 这个论点不能算完全正确，因为短途电话曲线也会如下图所示成为面积的界线：

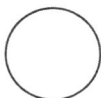

长途电话曲线
限定的面积。

短途电话曲线
限定的面积。

长曲线和短曲线都能成为区域的界线。

这个电话号码所表示的的复杂几何图形，会用在即将发表的论文中。[5] 我们还在继续把长途电话号码做成一个表，一个尺寸为 1000 × 1000 × 10000 的表。

致谢

本文作者之一（吴君）在底特律大学访问时，完成了本研究的部分工作；我们得感谢钟君的友好款待。

注释

[1] 参看纽约白页（电话簿）。

[2] 与约翰尼（Johnny）的私人通信，其论点在克莱因（M.Kline）的研究[《为何约翰尼不能做加法：新数学的失败》（*Why Johnny Cant' Add: the failure of new math*），圣马丁出版社，1973 年] 中已有报告。尽管约翰尼不能做加法，但他和他的同代人对这种教学行话是颇为熟练的。

[3] 根据 G.Penao, "Sur une courbe qui replit toule une aire plane," *Methematical Annals*, No.36, 1890, pp.157—160。这些被称为空间填充曲线或皮亚诺曲线（Peano curves）。

[4] 该乘积还可解释为成本。可以看出，如果长途号码以零开头的话，就没有成本了。

[5] 在准备中。

3 用迪伦模型衡量的爱情价值

本文发表于《不大可能的研究年报》1卷5期（1995年9月/10月号）。

克里本（cliburn）

密西西比州珀金斯顿密西西比海湾沿岸

社区学院公共机构研究计划系

拉斯（russ）

宾夕法尼亚州大学园区宾州大学物理系

蒙哥马利（Tiny Montgomery）

宾夕法尼亚州大学园区宾州数学和卡车驾驶中心

柯克（Zeke deCork）

密西西比州珀金斯顿

遮阴地养老院和州立大学

受鲍勃·迪伦（Bob Dylan，1965a）所提出的理论所启发，我们将通过基于"需求"的基本数学来估算爱情的价值。在此计算过程中，有可能涉及一些微积分和初等几何知识，以及大量的无根据的猜想。

爱情的极限

尽管在作者唱片封底有文字说明（love – 0/ No Limit），我们根据作者的描述，在此取了衍生自唱片歌词的分数形式的表达式。

迪伦（1965a）曾提出以下表达式：

$$（爱情 - 0）／无限（1）$$

我们暂不讨论表达式的使用是否与迪伦作为一个表现主义艺术家有关，首先，假设该表达式的结果为未知数 X，以求解"爱情"的值：

$$X=（爱情-0）／无限（2）$$

通过转换表达式（2）可得到：

$$（无限）X="爱情"- 0="爱情"（3）$$

式中，我们用到了一个数学定律：对任何 A，A – 0=A。

因此，"爱情"等于一个数和"无限"的乘积。一般认为，无限即是无穷大，因此，当 X 为有限值，则"爱情"为无穷大。如 X 为 0，则 0 乘以无穷大，结果是"未赋值"的。

爱情的正负

但，如 X 为负值，或"小于零"（Costello,1977），我们就得到"爱情"的值为负的无穷大。被"辜负"的爱情，有可能让人觉得整个地球都弃你而去（Dylan，1965d），甚至让旁观者都不再相信爱情！为了解决这个问题，我们不得不允许"无穷大"可以取负值，这样我们可以期望"无限"和未知数 X 在表达式中同时为正数或者同时为负数。

关于 X 的正负号（Dylan，1967a），我们已经讨论得差不多了。现在讨论一下当 X 是复数的情况，复数由实数部分和虚数部分组成，实数部分已有阐述；当"极限"乘以 X 的虚数部分时，"爱情"变成了一个复数，同时用于虚数部分（Whitfield-Strong，196？）。迪伦在后续研究中进一步扩展了这个概念（1975a，1976b），并有大量的修改（1984，1974/1993，1975 年以来公开的介绍）。

不管何种情况，我们都可以确切得到的结论是：

$$X=X \quad (4)$$

总而言之，我们可以有以下发现（Anderson，1982）：

1. 有限的 X 可以导出无限的爱情；
2. 如果没有 X，爱情是不存在的；
3. 如果 X 是负数，那么爱情也是无穷大的负数；
4. 如果 X 是虚的，那么爱情也是虚。

爱情分形学的困难

"爱情"是否可以通过分形学来研究，目前还是个疑问。分形学与"爱情"的结合会导致一些新的问题，例如迪伦在 1965e 中所表达的："我接受混沌，不知道混沌接不接受我（I accept chaos I am not sure whether it accepts me）。"（Dylan，1965e）不过得澄清的是，这里我们不是要强调无穷（Dylan，1966）。毕竟，爱（love）不过是一个 4 字母的单词（Dylan，1967b）。

参考文献

Anderson, L., 1982. "Let X=X," *Big Science*, Warner Brothers, Burbank, CA.

Costello, E., 1977, "Less Than Zero," *My Aim Is True*, 2nd ed.Columbia, New York, NY.

Dylan, B., 1965a, "(Love-0) / No Limit," *Subterranean Homesick Blues*, Columbia.New York, NY.

Dylan, B., 1965b, "Love-0 / No Limit," *Subrerranean Homesick Blues*, back cover, Columbia, New York, NY.

Dalan, B., 1965c, broadcast communication.

Dylan, B., 1965d, "Just Like Tom Thumb's Blues," *Highway 61 Revisited*, Columbia, New York, NY.

Dylan, B., 1965e, liner notes, Highway 61 Revisied, Columbia, New York, NY.

Dylan, B., 1965f, "Tombstone Blues," *Highway 61 Retisited*, Columbia. New York, NY.

Dylan, B., 1966, "Visions of Johanna," *Blonde on Blonde*, Columbia, New York, NY.

Dylan, B., 1967a, "Sign on the Cross," *Writings and Drawings*, Random House, NewYork, NY.

Dylan, B., 1967b. "Love Is Just A Four-Letter Word," *Writings and Drawings*, Random House, New York, NY.

Dylan, B., 1974 / 1993, "Tangled Up In Blue," *The Bootleg Series*, Vol.2, Columbia, New York, NY.

Dylan.B., 1975a, "Simple Twist of Fate," *Blood On the Tracks*, Columbia, New York, NY.

Dylan, B., 1975b, "Tangled Up In Blue," *Blood On the Trackes*, Columbia New York, NY.

Dylan, B., 1984, "Tangled Up In Blue." *Real Live*, Columbia, New York, NY.

Mottrtm, E., 1965, William Burroughs: *The Algebra of Need.*

Whittidd-Strorg, 196?, "Just My Imagination," as reviewed in R.Stonea, 1978, *Some Girls*, Atlantic, New York.NY.

4 范式悖论

本文发表于《不大可能的研究年报》1卷1期（1995年1月/2月号）。

施韦伯

马萨诸塞州诺伍德模拟设计公司

··

　　科学传播人员正在研究"范式"这个词出现频率的下降。去年这个词的引用（称为"目击引用"）率减少了75％，明年情况可能更糟：这个词几乎要消失。因此有必要把"范式"这个词第一次在畅销书里出现之后的消长状况以图表形式来进一步研究。[1]

　　关于这个词逐渐消失的原因，有很多种假设。比如全球变暖或其他环境原因，因为用得太多用到山穷水尽的地步，或者是赶时髦，或者是根本对这个词的含义不了解而导致的困惑。

　　"天文语言学研究所"（The Institute for Astronomical Lingnistics）提出的标新立异的观点是，一个词的生命周期与恒星（stars）的生命周期类似。如果一个词（或表达）的使用范围扩大得比较缓慢，它就可能慢慢自立，把自己融入常用语里，于是也就能生生不息了。

反之，如果它的使用范围突然扩大，就像新星一样，那它所承担的意义就太多了，自己就会不堪重负地垮掉。有时它可能像恒星变成黑洞那样，再也看不见。

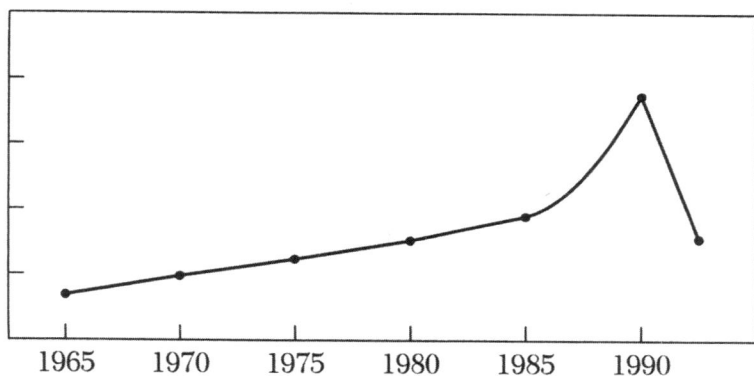

"范式"一词在大众文学里的出现情况。

注释

[1] T. S. kuhn, *The Structure of Scientific Revolutions*, 2nd edition, Univesity of Chicago Press, 1970.

5 数学：异位构词法

本文见《不大可能的研究年报》2卷4期（1996年7月/8月号）。是发表于《不大可能的研究年报》的一系列异位词故事之一。除了标题外，故事的每一行都是由单词"Mathematics"（数学）里的各字母换了位置后组成的。

卡斯威尔

《不大可能的研究年报》编辑

• •

第一段：喝茶时间

Me at MIT. Cash.（我是麻省理工学院的，有钱。）

I am sit chat.（坐着跟人聊天。）

Am chat："It's me."（聊天开始，作自我介绍。）

Ms："It math ace."（她说她数学很厉害。）

"s' MIT math ace."（我说我是麻省理工学院最好的数学家。）

Same chat：MIT.（她说她也是麻省理工学院的学生。）

Is am math, etc.（她也是数学家，等等。）

第二段：游戏时间

Me：“MIT has cat.”（我：麻省理工学院有只猫。）
Ms：“Ah, cat time！”（她：啊，玩猫吧。）

Time mash cat！（逗猫开始！）
Me：“MIT cat.Ha！”（我：这可是麻省理工学院的猫呢！）
Me act.Sit cat.（我让猫坐好。）
Me：“Am sham cat.”（我：这猫是假的。）
“It am sham，ect.”（这不是真正的猫。）
Ms：“Him tame cats.”（她：它是只乖猫。）
“Maim the cats.”（猫被伤害了。）

第三段：就餐

Me tact：“Is ham.”（我佯装客套说：“吃火腿吧。”）

Ms am eat，Itch.（她吃了一点，开始发痒。）
Me：“This am cat.”（我：这是猫肉。）
Me：“It's cat ham.”（我：这是猫火腿。）
“Him's cat meat.”（这真是猫肉。）

She：“Am MIT cat！”（她：这是麻省理工那只猫！）
Ham items act.（火腿开始起作用了。）

Hit Ms at acme.（她觉得不舒服了。）

Acts emit ham.（好像要吐了。）

Ms emit cat.Ha！（真开始吐猫肉了！）

Ms，at MIT.ache.（她胃痛。）

第四段：后来

That Ms am ice.（从此她再也不理我。）

This mama，etc.（哎，女人啊。）

6 对称饮品

本广告版本开始出现于1996年6—7月间的《不大可能的研究年报》。

科学家/超级名模对称小姐说：

我很容易因文字分心……

没什么比文字更有象征性了。我的感觉、工作、情绪都不是一成不变的，至少不是持久的。

当我觉得失去平衡时，我就喝对称Cal，它能保证我每日都有充足的拓扑学、立体化学和利尿生物学的精力！
对称Cal是能让你保持平衡的流行饮料！凭处方即可取得。

警告：美国卫生署已确定抽烟可能有害健康！

7 年度泳衣狂想曲

见《不大可能的研究年报》2卷2期（1996年3月/4月号）。细心的读者会在本书别的地方看到这两位模特的文章。

布鲁诺（Lelivoldt Bruno）
《不大可能的研究年报》编辑

· ·

《不大可能的研究年报》的编辑们放眼全球，寻求自然之美。这里是他们的两则发现：

图1 潮湿，狂野，又有资历。众多南方科学佳丽中，新人米利亚姆·布鲁姆（Miriam Bloom）真是应有尽有：有遗传学博士学位，是一家生物医学软件公司总裁（位于密西西比州杰克逊市），有一本新著[《了解镰状细胞疾病》（*Understanding sickle Cell Disease*），密西西比大学出版社出版]，还有泳衣和潜水装备。此刻，米利亚姆出现在下午三点的密西西比河，正从与泡沫嬉戏中转换到那想像中的注脚上，她感叹道：大自然真是要吞没我啊。

图2　倾斜，有须，自信。厄尔·斯帕姆*（Earle Spamer），费城自然科学学院的地质学家，倾向于作大峡谷的实地调查。这里是小科罗拉多河，他正在展示他的全浸法，对静止角（angle of repose）的地质学原则经验测试来说，流沙并不是什么障碍。他没啥兴趣的同事闲闲地站在旁边。厄尔夸口说："能控制住上涨的潮水的话，我希望七年内能完成我的终极课题，这绝对是个开创性的研究。"

---

*　斯帕姆也是本书中《巴尼的生物分类学》一文的作者之一。——译者注

科学挂历上的肌肉男: 不要脸的个人展示

8

霍普金博士

华盛顿特区

一天下午, 面对下午三点的截稿日期和空白的电脑屏幕, 我脑子里突然灵光一闪: "要是挂历上的人是真实的科学家, 还像美女那样摆好姿势, 岂不是很妙吗?" 就是那种运动性感照, 人物体格魁梧、面带微笑, 可以称之为……"科学肌肉男"!

好玩吧! 嗯, 我是这样想的, 听我说这事的人差不多都这么觉得。而且这个玩笑很成功, 从一开始的打趣变成了一个完整的小游戏了, 我继续想, 如果这样的话, 还是认识那类人的好途径呢。而且靠我的天赋异禀, 我肯定能在拍照的时候用喷水瓶给模特儿保湿的。

所有这些玩笑和游戏一直说到《旧金山观察家报》(The San Francisco Examiner) 来电话, 要求在不存在的挂历上刊登一张画为止。"这只是闹着玩的," 我解释说。但这是新闻的好题材, 他们岂肯放过。

因此, 其实是媒体迫使我做这件事的。现在, 已经有了两个

"科学挂历肌肉男"了，我得到的启示是什么呢？首先，大多数科学家都认为他们自己是肌肉帅哥。我没花多少口舌就说服我的博士生们摆好了姿势。就好像他们在实验里随时等着被召唤一样——"做美型挂历？好啊，我马上让助手把我的泳裤拿来。"

其次，所有科学家都是书呆子。但是单从长相是看不出的。

最后，作为一个从生物化学家改行成新闻记者、又改行成挂历制造商的家伙，我认识到，离开实验室去追逐我的梦想，唔，应该是追逐其他科学家，已经是我能力范围内对科学的最大贡献了，不会更大了。

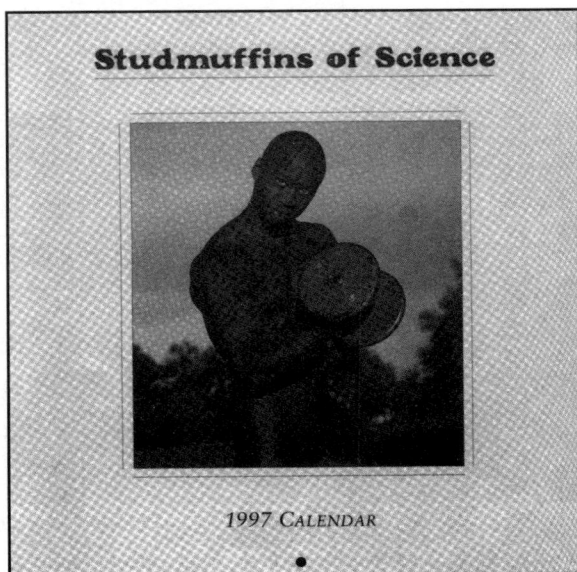

Studmuffins of Science

1997 Calendar

1997年的科学挂历肌肉男。

科学八卦

浓缩100%内幕新闻
德鲁 汇编
本则新闻发表于1992年。

▼ 否认战争游戏

美国国防部打算反对普拉斯顿大学（Plaston University）经济学家艾恩斯（Darlene Irons）即将发表的报告，后者说42％的"战略防御制计划"（俗称"星球大战"的弹道导弹防御体系）的拨款被用于开发视频游戏。

▼ 搞笑诺贝尔奖花絮

时代寄语

"其中有一位作者深切地觉得我们不该承认这些。"

——1995 年搞笑诺贝尔奖获得者之一

▶ **数字的洲际变迁**

也许"电话号码的数学"的作者应当考虑，有必要把他们对"电话号码"的解释更严密地定义为"美国的电话号码"。他们的研究结果并不普适。

例如，尽管东京所用的电话号码在数年以前是这种格式，但现行的号码在三位数的总机号码前出现了"3"。新的电话号码则以"5"开端，读者很清楚，以后还可能有变化。

我注意到了，尽管分配给我的电话号码（3220-7475，3220-5411，3220-5412）均为负值，但我的主要顾客的电话号码（如 3221-2031 和 5398-0784）却均为正值。根据这组特定数据建立的试验模型隐约显示，这可能与各自的现金流有关。

布雷姆纳（Louise Bremner）

日本东京

数学冲浪

我想对德雷克方程（Drake equation）提出修正（我知道有两个德雷克方程，现在谈第一个方程，不是第二个）。我要讨论的方程与在某地"找到"（就是除了这里的其他的所有地方）有智慧的外星人的概率有关。我要谈的修正是把该计算再扩展一步：找到有智慧的、能冲浪的外星生物的概率有多大？

我提议对德雷克方程加上一个因子"1 / x"，它代表进化到能够作冲浪运动的智慧文明的概率（如果它们还没有普及的话）。因此修正的德雷克方程将由"冲浪修正因子"再乘以原来的德雷克方程组成。

欢迎对本论题提出严肃的评论。开玩笑什么的幼稚行为，就自己留着吧。

多德

美国森特维尔

又及：还有什么人对德雷克方程提出自己的修正？如有 12 个人打算出主意的话，我们可以搞一个 12 步恢复*方程。这对外星人和外星生物都是有用的。

转换性解释

为什么"范式"一词的使用在 30 年的持续增长后在 1990 年突然降低？跟"范式悖论"作者施韦伯所说相反，有一个简单的解释：在 1990 年有一个范式转换（paradigm shift）。

帕拉马拉（R.L.Pramalal）

加利福尼亚州帕洛阿尔托

斯坦福大学

---

* 多用来戒除各种成瘾症状的步骤。——译者注

chapter 9

教育、科学及其他

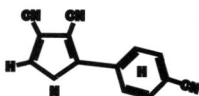

不少跟《不大可能的研究年报》打交道的人是老师或者曾当过老师。大多数人会有这样的体会：只要能唤起一个人的求知欲，剩下来的教学工作即使不容易，至少很有可能进行下去。如果没有这种求知欲，就没有多大指望。有的老师却不同意这个看法，这些老师让科学教育名声欠佳。

　　我们教学的一般方法是说服人们（不管他们是年轻人还是古怪老头，还是介于两者之间的什么人）接受他们认为乏味的或认为无法弄懂的事情。我们对"软硬兼施法"很有信心。我们收到的老师、家长甚至学生的信件和电子信函都表明这种方法有一定的功效和魅力。

　　我们在每一期《不大可能的研究年报》都发表"教师指南"，偶尔也会在《迷你 AIR》中重新发表。如果你是老师的话，也许会觉得有点用，要是你认识一些老师，也许还会把复印件塞给他看看。

　　现在的学生有多活跃？拉辛（Steven Rushen）的"教室里的呆滞学生"（The Dead in the Classroom）将证实你的怀疑、希望和担心。

　　从方法论上来说，有的学生确实需要更多的引导。如果你有这种需求，麦克莱恩－弗曼斯基（Dennis MeClain-Furmanski）的"引起和保持学生注意力的办法"（A Mechanism for Getting and Keeping Student's Attention）是很有用的。

　　什么年纪的人（甚至不管什么形状什么尺寸）都可能成为出色的科学家，比如《人行道上讨厌的软体虫》（Gummy Worm on a Sidewalk）的作者 K. 埃珀斯（Kate Eppers）和 J. 埃珀斯（Jesse Eppers）进行这项研究时，就只有 12 岁和 10 岁。

"科学五行打油诗"（*AIR* head Science Limericks）刊出了部分读者的五行打油诗，这是我们正在进行的一个项目。我们现在在进行很多项目，下文你将会看到。

　　教育的未来会是什么样？胡夫纳格尔－常（Anne Pamsun Hufnagle-Chang）和古普塔－达菲（Viktor Asa Gupta-Duffy）的"虚拟学院：第 1 年度报告"（Virtual Academia:Year 1Report），将证实或打破人们曾在报纸上读到的所有预言。

1 教师指南

本指南刊登在每一期《不大可能的研究年报》上。

• •

> 5 个老师中会有 3 个有这样的看法:
>
> ## **求知欲是一种危险东西，对学生来说尤其如此。**
>
> 　　如果你是另两位老师中的一位，《不大可能的研究年报》和《迷你
> *AIR*》可作为强有力的工具。从《不大可能的研究年报》发出的文章中选
> 择你喜欢的，并把复印件给你的学生。方法很简单。科学家总是认为恰
> 恰是他（或她或别的什么）发现了宇宙运转的规律。那么请思考:
>
> 　　• 无论从什么角度看，这位科学家是否正确——"正确"意味着什么?
>
> 　　• 你能想出哪怕一种不同的但是也有效的解释吗? 或者更好的解释?
>
> 　　• 这个测试是否能确定、一定以及肯定地彻底检测作者认为他在检测
> 的内容?
>
> 　　• 科学家本人对于自己理论的解释力是不是赤裸裸地诚实? 或者他因
> 一厢情愿而苦恼着?
>
> ## **孩子们是天生的好科学家，帮助他们进步。**

2 教室里的呆滞学生

本文发表于《不大可能的研究年报》1卷2期（1995年3月/4月号）。

拉辛

宾夕法尼亚州州立大学州立学院

．．．．．．．．．．．．．．．．．．．．．．．．．．．．．．．．．．．．

　　一个人会在什么时候停止学习，是个备受关注的问题。许多人认为，人可以活到老学到老。另一些人则断言，人很早就停止学习了，过了这一阶段，任何"学习"不过是在新环境下运用旧知识而已。许多大学教授认为，大部分人在大学一年级以前就不学了，这个观点支持了第二种理论。

　　根据自己的研究，我支持第一种理论。我们选择了清晨上课的新生经济学课，这一个班有 30 名精力充沛的学生，我们加进了 15 名呆滞的学生，然后观察其后的效果。经过整整一学期的仔细研究，得到了值得注意的观测数据：

	RIP 系数[1]	
	活跃	呆滞
出勤率	0.56	1.00
表现	0.40	1.00
课堂参与	0.12	0.13
考试成绩	0.45	0.09

RIP（参与个体的关系）系数。

出勤率

跟活跃的学生比，呆滞的学生通常不大可能逃课（尤其是天气晴好时，反差更明显）。呆滞的学生出勤良好，总是早到、不早退（老师拖堂的时候他们也绝无怨言），而活跃的学生们则不然，出勤率不理想，常常迟到早退。

表现

一般来说，呆滞的学生通常不大会捣乱。跟活跃的同伴们比起来，呆滞学生也不怎么打扰老师讲话，或者起哄、讲话、提出不想干的问题。

课堂参与

在课堂讨论、回答问题或上讲台解题等方面，两种学生没有明显差别。

考试成绩

看来这是呆滞学生的最大弱点。他们的成绩通常比班级平均成绩低 30～40 分。这从根本上影响了分数曲线，会把活跃学生的成绩抬升到 B+ 或更高。

结论

作者认为，在课堂里肯定有呆滞的学生。他们的全勤和模范的表现清楚地说明他们渴求学习。在前面三方面，即使没超过他们活跃的同伴，至少也半斤八两。但是成绩不好也不能说明他们不愿意学习，可能是由于自尊心比较低，或者是由于对考试流程的误解。依作者看，不久的将来，"基于结果的教育"评估也许能成为克服障碍的关键，并提供评估真实学习能力的指征，不管是活泼还是别的。

注释

[1] 出勤率和考试成绩的 RIP 系数，基于由相应类别的成绩的可靠的百分数，至于"参与"和"表现"，则根据在这两方面的表现的定量和定性方面的量度，1..00 的数值为 100%或满分，0.00 则为 0%或最差的成绩。

3 引起和保持学生注意力的方法

本文发表于《不大可能的研究年报》1卷2期（1995年3月/4月号）。

麦克莱因-弗曼斯基

弗吉尼亚州诺福克市

老自治领（弗吉尼亚州别称）大学保健科学院

●●

引起和保持学生的注意力（特别是当课上得沉闷时），始终是一个问题。下面我为同行们介绍一种从上课第一秒开始到后来仍能时不时吸引注意力的方法。

在超市收银台旁边的柜台上，买一只白色的棒棒糖，要全白，没杂色，没花纹。然后在上课第一天，折下2.5厘米左右，剥掉包装纸，藏在手里走进教室。走到黑板前，取一支粉笔，写下你的名字，写完后偷天换日一下，把棒棒糖拿在手里，面对学生，来一个意味深长的眼神，然后开始吃糖，嚼得愈响愈好。

接下来几分钟，学生会以为你在吃粉笔，当他们脸上出现那种意识到的表情时，你就可以记下他们的反应速度，当然了，也可以就看看他们竭力忍住的表情，聊以自娱。

随着学期继续进展，注意力也会消退，你就可以在讲话时时不时停下来，走到黑板前，拿一支粉笔，思索几秒钟，这样你就又能吸引到全班的注意力了。

4 人行道上的黏黏虫

本文发表于《不大可能的研究年报》2卷4期（1996年7月/8月号）。

K.埃珀斯（12岁）

马萨诸塞州马布尔黑德市马布尔黑德特许公立学校

J.埃珀斯（10岁）

马萨诸塞州塞勒姆市霍勒斯曼学校

我们曾决定用黏黏虫做一个实验。我们想弄清楚有多少人会去踩它们，多少人会避开，有多少人因为没看见而踩到，又有多少人根本没有发现有虫子。

方法

我们在游览新罕布什尔州北康韦时，从名为"大话农夫"（Fanny Farmer）的地方买了一袋黏黏虫（橡皮糖）。我们坐在长凳上把虫子扔在人行道中间，而且不经意地转过脸去，假装不知道它们是从哪来的。

人行道上的一条黏黏虫。

结果

　　成人和小孩走过，都偶尔会踩着虫子。有些人看到它，投去困惑的一瞥。有个坐在轮椅里的男孩根本没看到，径直把车从虫子上轧过去了。我们忍着没笑，有三个十几岁的女孩走过，中间一个女孩走过时仔细看了看虫子，轻轻叫了一声，跳了过去，然后笑着说："我还以为是真的呢。"

结论

　　实验结束，我们得出结论，5 个人里有 3 个会偶然踩着人行道上的黏黏虫。

科学五行打油诗

1995 年，我们在《迷你 *AIR*》上不无犹豫地预告一个新的研究项目：AIR 科学五行打油诗简编。这里的第一首五行打油诗是读者奥尔斯（Peter Olse）写的，他声称曾把这个作为期末考试题的答案，考题是"叙述一下你在本门课程中学到的内容"。

从北极到赤道
整数、加法和乘法
再加上对 p 的模
如果 p 是所有质数的话
就能生成一个有限域

接下来的两年间，这个科学五行打油诗项目招来了汹涌而至的五行片段，其中有一些十分拙劣。这里选的则不然。据我们所知，大部分是为这个项目新创作的，但没有人确切知道它们的作者⋯⋯

梅根迅速向地面冲去
发现此时情况违反了牛顿定律
她没有碎成片

因为她在蹦床上

弹起就得落下，落下又弹起，上上下下

——埃亨（Kevin Ahem）

这是我提交给《物理评论 E》（*Physics Review E*）的论文"罗兰鬼线的新孤波解"（*Novel soliton Solations in Rowland ghost gaps*）的五行打油诗：

在周期光栅结构里，

罗兰鬼线会出现

它们有凹有凸

并越过驼峰

但还要等评审人来通过

——皮（Neil B.）

我的五行打油诗形式的天文学博士论文：

在盘状星系里，

充满了高速运转的云

虽然形成的超级气泡

带来了不少麻烦

但喷泉模型却属合理

——舒尔曼（Eric Sehulman）

一位生物学教授卡斯特（Caster）

提出了一个耗毕生心血的课题

因为它非常复杂

旨在改变

黑腹果蝇的性别

——霍穆特（Don Homuth）

科学家如何对待五行打油诗

五行打油诗项目给了编辑部成员帕萨切夫（Jay Pasachoff）灵感，来写一个"标准打油诗的正确构成"的简短说明。后者又引发了关于五行打油诗的句法、韵律和内容的合理规则的热烈争论，精彩纷呈，又不着边际。一位参与者称之为"鸡毛蒜皮和夸张法的神圣凯歌"（a Jesuiti cally Talmudic triumph of hyperbole and split hairs）的整套回忆录，或许有朝一日会公之于众，也许不会。这里是有代表性的两则。大家肯定看到，第二则被由五行打油诗触动的霍尔穆特（Don Hormuth）提供的。

> 为韵律考虑，你能不能不用"把拔"*（da-da）这种性别歧视的表达呢？ dum[而不是 dumb(无声的)] 就是比较合适的"非政治不正确"选择了。只要是考虑韵律的地方，也要同样考虑"非政治不正确"问题。性别决定论的用语"把拔"的蓄意滥用，会让那些有幼儿的科学家彻夜难眠，倍感艰辛的。
>
> ——诺顿（J.S.Notten）

对没有根据的批评的迅速反应，匆匆写就。

---

* 婴儿呼喊爸爸的声音。——译者注

总是有一些家伙手持规则

声称别人是傻子

如果他自己写的打油诗

并不像想的那样合韵律

忍着吧，因为人家也可能是珍宝

——霍尔穆特（David Honnuth）

我现在再贡献一首，这是根据发生在 1965 年的"真实"事件写就的，当时我在北达科他州州立大学担任实验室助理员：

期末实验室要提问一番，

学运动学的女生局促不安。

问（在样品杯中），

"蝌蚪是什么？"

她写："是大象的精子。"

——霍尔穆特

我们把霍尔穆特的姓氏印错了，于是他又写下：

鄙人名字被拼错

真的谁都不怪罪

递交韵律诗一首

希望有朝一日

鄙人美名变传说

五行打油诗的爆发

或许是受到智能炸弹客的激励，读者马克斯（Chris Marks）创作了三首原创五行打油诗，系列名是"不同规模的爆炸"。为了便于查阅，这些诗是按照破坏强度递增的顺序排列的：

一位谨慎的年轻化学家叫蒙德
把 B 与 A 混合
遇到 C 时
在地上造成一个（口子上尽是泥的）洞窟
他不禁大惊失色（不过没受伤）

注意：在本五行打油诗中，R 代表"注册"符号。

工作在桑迪亚（R）的科学家
发现了又大又方便的炸弹制造法
在西南荒漠里的试验结果令人惊吓
把土地变得更荒
即将关张

杰出的头脑们知道怎么讲述，
或是用论文来书面描写
在时间出现之前
曾有一场大爆炸
但这个理论从来没完成过

尽管一位新加坡读者恳切表示，如果我们再发表五行打油诗，他就要把我们"爆头"，但是这个项目仍继续着（并仍将继续）。这里是几则更随便选出来的五行打油诗和评论。

　　勒内（Renee）教授以研究为己任，
　　用猿的 DNA 来克隆人，
　　该课题进行顺利，
　　谁都明白其中原因：
　　他们是当今的国会议员。

　　　　　　　　　　　　　　　——韦塞尔（Frank Weisel）

　　在经常下雪的博耳德，
　　国家标准技术研究院实验天体物理联合研究所的人们上下雀跃。
　　一个盛大的庆典：
　　按爱因斯坦和玻色的理论
　　终于凝聚！

　　　　　　　　　　　　　　　——莱特（Water Leight）

　　斯泰因（Robert Stein）医生给我们送来了他跟医药销售代表们的历险随笔。在抱怨医药公司不再为他提供去夏威夷的免费休假后，他以心碎之呐喊结束：

　　医药公司的推销员送我无用的赠品，
　　不缺的蹩脚货送得忒勤。
　　请进我一年的《不大可能的研究年报》！
　　如果你不送

走吧！让我自己呆着！

乳齿象、母亲和婴孩

多月来，我们的读者一连撰写了乳齿象、母亲和他的婴孩的令人心动的故事。读者怀特（Nancy White）为该故事开了个头，《不大可能的研究年报》编辑部成员布鲁姆创作了续篇。此后，其余的人拿起笔或按下键盘纷纷续写。这里有几个他们匆忙拼凑起来的东西（某些人在某些场合可能会把这叫做故事）。

一位古猎手在散步，
祈望有猎物值得搜捕。
她曾暗中监视一头巨大的乳齿象
但她背包里的婴孩大声嘟噜！
她只得匆匆放它过去。

——怀特

她停下来照料哭闹的孩子，
乳齿象偷偷向她转移，
她给投石器装石块
（装上全部石块）
但哎哟！婴儿竟然飞走了

——布鲁姆

突然飞走的婴儿镇定下来
尽管远离妈妈的关爱。

但她并未恍惚犹疑
正在拉满一裤腿，
准备让这巨兽一头粪水。

——赖特（Spencer Wright）

婴孩跳进乳齿象的嘴里，
如孩子所期
巨齿象惊诧无比
一顿正餐像剩汤残羹一下子涌起
可怜的乳齿象呕吐无遗

——索普（Peter Thorp）

空中的可怜婴儿一下子落下
在乳齿象的獠牙间被夹。
女猎手不久就循迹追来
使劲拉也没拉住宝宝，
（更新世群人手缺乏）。

——休伊特（Heath M.Hewitt）

嘴里含着婴儿的野兽
必须迅速砍下它的头。
但要爬过象鼻
大家惊恐忐忑；
瞧，那些獠牙和苦差使令人畏惧得发抖！

——布鲁姆

读者们现在依然给我们陆续寄来关于婴孩、她妈妈和乳齿象的其他历史。尽管无法满足公共需求，但我们会分享更多的故事，至少现在会分享的。

6 虚拟学院：第1年度报告

本文发表于1993年。

胡夫纳格尔－常和古普塔－达菲

加利福尼亚州惠蒂埃

米尔豪斯学院认知管理系

· ·

　　虚拟学院是用来代替如今大学里花费甚巨的虚拟现实项目的。[1] 本文是运作了完整一年后的简要总结。

　　"虚拟现实"一词描述了模拟自然或想像中的客体和活动的计算机技术。在虚拟学术体系中，学生、教授、实验室设备、教室、办公室和学生宿舍设施仅作为基于计算机的概念存在。

　　7个国家的16所大学用虚拟学院代替他们全部或部分的传统活动。第17所大学退出了项目，因为设备不兼容。

　　每所大学自行设定系统参数——录取和雇佣政策、学生成绩分布曲线，等等——使之与其各自国家的和其他管理准则相一致。

虚拟学院的计算机房，还在使用。这里就是给16所大学的600多虚拟学生上超过223门虚拟课的地方。摄/莱特普尔（Alicia Ducovney–Lightpole）

汇总结果

16所大学的每个班、研讨会、研究组和住宅区，都自动按照性别、种族和年龄平均分组，以符合实际社会的结构。

大学的经营费用平均降低了38％，薪资相关费用降低了54％，与教职员工规模的减少相当。学生人数减少了83％。

也许这个活动最大好处是可以先把各大学的数值特征定下来，而不是等到事后计算和解释。这样可以大大降低行政管理费用和活动。

注释

[1] 该课题由虚拟大学网络（91所大学和12个非营利教育基金会联合体）赞助。第一年试运营包括了16所大学，另外42所将在第二年上线，其他大学则在第三年开始运行。完整的成员名单，见 TVUN Publication # 146，*Organizational Membership of the Virtual University Network*，Hellgate Press，Berkeley,CA，1996，$29.95.

科学八卦

浓缩100%内幕新闻

德鲁 汇编

▼ 无声的夸张

本文发表于《不大可能的研究年报》1 卷 3 期（1995 年 5 月/6 月号）。

上个月有消息通过互联网迅速传播：美国智力测验中心曾宣布 1946~1985 年进行的许多智力测试的错误结果现在更正了。在报告中的智商为 101~130 的结果中，智商数的最后 2 位数字可能顺序倒了。例如，智商测定为 120 的一些人可能实际智商是 102，或者反之。我们正设法核实中。

窗 口
读者呼声

▼ 不可思议的教育

1995 年第 2 期的《不大可能的研究年报》已然有了实际的效果，我想向你们表示祝贺。昨天（我收到这期杂志的第二天），我女友 14 岁的儿子从我（放"正在阅读"的书）的包里取出《不大可能的研究年报》1 卷 2 期。他热切地从头读到尾，尤其是那篇"拖车虫的博物学"。

这个小孩 6 岁起我就认识他了，知道他对各种"教育"杂志（如《博物学》、《史密森学会》、《国家地理》等）都没什么兴趣，还是"任天堂"游戏机诱惑大点。

他开始对科学感兴趣了，也许是有别的原因吧。但公立学校的体制曾让他对科学深恶痛绝，我们为此还做过顽强斗争呢。我们和贵杂志的动机也许不一样，但行为是一样的。

这是长期、艰苦的持久战，会一直持续到他和上面说的那种不良影响彻底断绝关系为止。贵杂志真是给了他很大的帮助，谢谢！

克里斯宾（Mark Crispin）
华盛顿本布利奇岛

chapter 10

不可抑制的探索精神

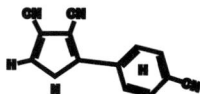

不错，我们是一本关于科学的杂志，但我们也研究其他的几乎一切事物。

　　有人告诉我们，经过仔细观察，我们发表的文章里关于人的行为的部分和其他内容分量相当。完全正确。人真是魅力无穷，又奇怪，又不可思议，还充满矛盾。科学是由那些对已知和未知都无限诚恳的人来做的。这是一项危险重重的事业，但十分高尚，大概比其他所有事业都更值得努力。出版物难道还能有比这更好的主题吗？

　　这最后一章对杂志各种各样的探索作了短暂的回顾。舒尔曼的"如何撰写科学论文"（How to write a Scientific Paper），对发表科学论文一事作了细致深刻的说明。对许多科学家来说，这是会影响到升职和事业巅峰的头等大事。

　　"家具安全气囊"（Furniture Airbags），是对技术转让的探索。这也是正在发展中的安全改革的一部分。假以时日，我们将使世界免遭一切不测。没有任何人会再出意外，生病，或者最最重要的——有所不便。

　　"互联网芭比和时光胶囊"（Internet Barbie and the Time Caplet），讲述了我们庆祝《不大可能的研究年报》问世的故事。我们曾征集最能象征 20 世纪终结的物品，互联网芭比就是一位读者的应征作品。通过垃圾回收魔法，我们就能变梦想为现实。

　　我们的互联网活动，特别是我们的网站 Hot AIR 和每月简讯《迷你 AIR》本身，就值得写本书了。希望现在的"互联网历险"能让你满意，也别忘了附上你的邮箱，便于我们给你寄每月简讯哦。

　　倒数第二节，是"2000《不大可能的研究年报》头脑计划"。有那么多人和组织都紧抓 2000 这个数字不放，让我们叹为观止。他们把 2000 这个数字用在了产品、项目或其他他们想要营销的东西上。总起来说，企图用 2000 大做文章，是这个世界最绝望、可悲、流传最广的诡计之一。希望读者们都能对此保持谨慎。两年多来，各种上当的案例，通过信件、传真，特别是电邮潮水般向我们涌来。这些平凡故事的数量之庞大，才是最让人印象深刻的。我们在这里也愿意跟大家分享一些精品。

最后，短文"心中有主"当然无比重要。

如何撰写科学论文

本文发表于1993年。本文发表于《不大可能的研究年报》2卷5期（1996年9月/10月号）。

舒尔曼（E. Robert Schulman）

弗吉尼亚州夏洛茨维尔

摘要

我们（就是我）会展示对科学出版活动的重要和及时的观察，也就是，如果你不马上发表更多论文，你就找不到工作了。这个观察也和这个理论一致：为了将来的工作，要努力做好科研，写好学术论文，还要发表够多，实属不易。

引言

尽管科学论文（例如，Schulman 1988；Schulman & Formalont 1992；Schulman, Bregman, & Roberts 1994；Schulman & Bregman

1995；Schulman 1996）不大容易理解，却不失为发表文章的重要手段。重要在于，如果没有科学论文，科学家就不能从政府或学校拿到经费。论文不好理解是因为写得不好（例如 Schulman 1995 及相关精选参考文献）。说到后面这种现象，大部分文章的引言就是很好的例子。引言本来是应该把主题介绍给读者，即使读者没做过该领域的工作，也能看懂。当然，引言的真正目的，是引用你自己的工作（如 Schulman et al.1993a），你导师的工作（如 Bregnum，Schulman & Tomisaka 1995），你配偶的工作（如 Cox，Sehulman，& Bregman 1993），你学校里朋友的工作（如 Taylor，Morris，& Schulman 1993），或是一些你素未谋面的人的工作，只要论文中出现你的名字（如 Richmond et al.1994）。注意，这些引证还不局限于引杂志上的文章（如 Collura et al.1994），还应包括会议录（如 schulman et al.1993b）和其他已发表或未发表的工作（如 Schulman 1990）。在引言的最后，你必须再次援引论文各节的标题来概述你的论文。在本论文中，我们将讨论科学研究（第 2 节），科学写作（第 3 节）和科学出版活动（第 4 节），并得出若干结论（第 5 节）。

科学研究

搞科研的目的就是做好玩的事还能赚钱（Schulman et al.1991），当然如果你不是以电脑游戏谋生的好程序员的话。名义上，科研是要发现关于天地万物的新东西，但这并不必要。真正必要的是经费。要获得经费，你的申请书必须说明这项研究将会有极其重要的发现，而且还要说服拨款部门相信你就是这项研究的最佳人选，所以呢，你应该早早引用（Schulman 1994），多多引用（Schulman et al.1993c）自己的论文；还有你是共同作者其他论文，也大可引用

（如 Blakeslee et al.1993；Levine et al.1993）。一旦拿到经费，你的大学、公司或政府部门会立刻挪用其中的 30%～70%，用于大楼供暖、网费或者购买大型快艇等。现在是开始进行研究的时候了。你会很快发现：（a）你的课题并不像你原先想的那么简单，（b）你其实不能解决这个问题。但是——这很重要——无论如何你必须发表文章（Schulman & Bregrnan 1994）。

科学写作

你在这个课题上耗了若干年，最终发现自己解决不了设定的问题。即便这样，你也有责任把研究告知学界（Schulman et al.1993d）。要知道，不好的结果和好结果同样重要，如果你不尽可能发表论文，就根本不能在科学界立足。在写作科学论文时，要记住的最重要的一点是，绝对不要用"哪个"这个词。说到论文的打印，至少得 50% 的时间（即每天花 12 小时），把所有的表格弄得漂漂亮亮（Schulman & Bregman1992）。

科学出版活动

论文写好了，接着就是把它送交某科学杂志。杂志编辑会选择最有可能讨厌你论文的评审人，因为接下来评审人要读你的论文，并在编辑任期内返回评审意见书（Schulman，Cox，& Williams 1993）。根本不关心论文好坏的评审人会倾向于把论文搁置一边，直到不断堆高的论文把地板压塌，导致楼下办公室的 27 位英国研究生死于非命。要知道，每一篇科学论文都会有严重的错误。如果错误在发表前没被找出来，你后面还得给论文写勘误表，解释（a）出错的情况和原因，（b）尽管实验结果现在完全不一样了，也用不着改变结论。勘误表对成功也是有好处的。勘误表很容易写，还能像真正的论文被引用，那些漫不经心的读者（或许还有《科学引文索引》）就会以为你发表了比实际更多的论文（Schutman et al.1994）.

结论

结论这一节很容易写：你只要把摘要由现在时变为过去时就行了。在摘要和结论里至少要提到一个相关理论，这也会有益处。这时，你只需要指出你的实验跟理论相符（或不相符）就可以了。

我们（就是我）展示了对科学出版活动的重要和及时的观察，也就是，除非我已经发表了更多论文，否则我就找不到工作了。这个观察也和这个理论一致：为了将来的工作，要努力做好科研，写好学术论文，还要发表够多的论文，这一切实属不易。

参考文献

Blakeslee, J., Tonry, J., Williams, G. V., & Schulman, E. 1993 Aug 2, *Minor Planet Circular* 22357.

Bregman, J. N., Schulman, E., & Tomisaka, K. 1995, *Astrophysical Journal*, 439, 155.

Collura, A., Reale, F., Sehulmm, E., & Bregman, J. N. 1994, *Astrophysical Journal*, 420, L63.

Cox, C. V., Schulman, E., & Bregman, J. N.1993, *NASA Conference Publication*, 3190, 106.

Levine, D. A., Morris, M., Taylor. G. B., & Schulman, E. 1993, *Bulletin of the American Astronomical Society*, 25, 1467.

Richmond, M. W., Treffers, R. R., Filippenko, A. V., Paik, Y., Leibundgut, B., Schulman. E., & Cox, C. V. 1994, *Astronomical Journal*, 107, 1022.

Schulman, E. 1988, *Journal of the American Association of Variable Star Observers*, 17, 130.

Schulman, E. 1990, Senior thesis, UCLA.

Schulman, E. 1994, *Bulletin of the American Astronomical Society*, 26, 1411.

Schulman, E. 1995, Ph.D. thesis, University of Michigan.

Schulman, E. 1996, *Publications of the Astronomical Society of the Pacific*, 108, 460.

Schulman, E., Bregman, J. N., Collura. A., Reale, F., & Peres, G. 1993a, Astrophysical Journal, 418, L67.

Schulman, E., Bregman, J. N., Collura, A., Reale, F., & Peres, G. 1994, *Astrophysical Journal*, 426, L55.

Schulman, E., & Bregman, J. N. 1992, *Bulletin of the American Astronomical Society*, 24, 1202.

Schulman, E., & Bregman, J. N. 1994, in *The Soft X–Ray Cosmos*, ed. E. Schlegel & R. Petre (New York: American Institute of Physics), 345.

Schulman, E., & Bregman, J. N. 1995, *Astrophysical Journal*, 441, 568.

Schulman, E., Bregman, J. N., Brinks, E., & Roberts, M. S. 1993b, *Bulletin of the American Astronomical Society*, 25, 1324.

Schulman, E., Bregman, J. N., & Roberts, M. S. 1994, *Astrophysical Journal*, 423, 180.

Schulman, E., Bregman, J. N., Roberts, M. S., & Brinks, E. 1991. *Bulletin of the American Astronomical Society*, 23, 1401.

Schulman, E., Bregman, J. N., Roberts, M. S., & Brinks, E. 1993c, *NASA Conference Publication 3190*, 201.

Schulman, E., Bregman, J. N., Roberts, M. S., & Brinks, E. 1993d, *Astronomical Gesellschaft Abstract Series 8*, 141.

Schulman, E., Cox, C. V., & Williams, G. V. 1993 June 4, *Minor Planet Circular* 22185.

Schulman, E. & Fomalont, E. B. 1992, *Astronomical Journal*, 103, 1138.

Taylor, G. B., Morris, M., & Schulman, E. 1993, *Astronomical Journal*, 106, 1978.

2 家具安全气囊：新兴技术一瞥

本文发表于1992年。

德鲁

. . . .

　　每天都会发生这种情况，坐在椅子上的人往后倒啊倒啊，椅子翻了，伤到了脑袋。

　　传统的防护方法是戴一个安全头盔（见图1），但这种方法总有很多用户不会用的。所以，就诞生了家具安全气囊。安全气囊技术原本是为了在撞车事故中保护驾驶员的，现在则用在靠背椅、长沙发和其他家具上。

　　如果有人向后翻倒后往旁边翻滚时，这种靠背椅／气囊组合装置就能防止人受伤。当然，长沙发不怎么发生这种情况，但是对大部分靠背椅来说，这种情况很常见。我们发现，每只靠背椅备1只安全气囊是不够的。要预防椅子倾翻，至少要2只气囊。用3只就能防止翻滚，不过在经济上就不划算了——会使制造成本比现在高很多。用两个稍微充气的大气囊做实验还是有希望的（见图2）。

图1　没有安全气囊的碰撞：戴着防撞头盔的被试，在靠背椅翻倒后撞地。

图2　有安全气囊的碰撞：虽然没戴头盔，但快速充气的安全气囊能保护被试，防止头部受伤。

3 互联网芭比和时间胶囊

本文发表于《不大可能的研究年报》1卷2期（1995年3月/4月号）。

● ●

1994 年底，为了庆祝杂志的创立，我们决定把"时间胶囊"埋在麻省理工学院，并发起一场征文活动，看看我们"应该把什么人或物放进这个时光胶囊里？"征来的建议中包括佩罗特（Ross Perot）、查尔斯王子、金里奇（Newt Gingrich）、克林顿、猫王（Elvis）、卡尔·萨根以及得票最多的候选人比尔·盖茨。但这些人都拒绝被埋到时光胶囊中去。1994 年及以后历年埋的所有时光胶囊中，我们这个是很独特的，因为里面没有与 O. J. 辛普森有关的任何东西。

由于征文是由杂志策划的，所以获胜者一无所获。这里是读者特恩布拉德（Donald Tumblade）写的获胜短文：

我建议把体现互联网性质的象征物封到时光胶囊中，它应该代表互联网的互联性、互联网社区的人性、互联网传播的特性以及互联网的智力。所以，用光纤裹住半裸的芭比娃娃，而不是用娃娃的头发，就达到效果了。

图1 编辑部人员制作的互联网芭比的模型。

图2 在科学家/超模对称小姐的支持下，诺贝尔奖得主弗里德曼（左），罗伯茨（右），赫施巴赫（右，局部不清楚）制作了一个可拉伸娃娃放在时光胶囊里。19世纪设计师德斯普拉德（Constant Desiré Despradelle）的投影监督着这个步骤。摄/麦克罗里（Michael McCrory）

图3　智商记录保持者和*AIR*编委会成员萨凡特（Marilyn Vos Savant）喝汤时，研究员编委米歇尔（Thomas Michel）博士在说明他的"政治正确的心脏病学指南"。杂志主编亚伯拉罕斯在一边看着。上方，马拉松运动员赫西（Bob Hersey）正在展示他对杂志LOGO——讨厌鬼（The Stinker）的阐释。摄/南尼亚（John Nanian）

4 埋在时光胶囊中的物品

（所有实物在放入时光胶囊前都用垃圾压缩机小心地压实过）

- 违章停车罚单
- 诺贝尔奖得主嚼过的口香糖
- 一包麦当劳油炸食品
- 麦当娜的尖头胸罩
- 互联网芭比
- 装在占卜板上的奔腾芯片
- "动物界的阴茎"海报
- 瓦克曼（vac-man）弹性水玩偶
- 冷战纪念品（高放射性废料包）
- 蜜丝佛陀 2000 浓密睫毛膏的瓶子（代表 2000AIR 计划）
- 第 1 期《不大可能的研究年报》
- "时光胶囊"守护者：四名金刚战士
- 时光胶囊的成本单
- 1994 年搞笑诺贝尔奖奖杯（嵌在廉价木底上的蜡制半脑）
- 3 个细菌

- 星图（不是天体星图，而是好莱坞明星星图）
- 由电视明星利奇（Robin Leach）亲笔签名的斯帕姆午餐肉罐头（利奇还送来了录好的贺词和辣酱配方）
- windows 系统光盘
- 萨凡特（Marilyn Vos Savant）的汤碗，勺子和餐巾
- 燕麦和一只跑鞋
- 干燥剂包
- 香包

杂志的挖土人挖洞时发现了 1914 年埋的时光胶囊。我们把它打开了，里面物品如下。

1914年时光胶囊中的物品

- 违章停车罚单
- （完全）成熟的干酪块
- 名为"艾尔"（Al）的人签名的书："爱因斯坦的梦"
- 装有剪下的胡须的小盒
- 一包 Twinkies 蛋糕（依然与刚出炉时一样可口新鲜）
- 居里夫人的唇膏（发磷光的）
- 薛定谔的猫
- 一只咖啡色的短袜
- 充满预言的卷轴：

——出版：每个商人都有自己的文字处理设备：烧煤的 65 马力打字机。

——政治：1994 年——不像今日——我们国家的领导人将是有智慧有教养的男人。

——运动：贝比·鲁思（Babe Ruth）（美国职业棒球队员）将成为"红短袜"历史上最伟大的强击手。

　　——建筑：一名美国华裔建筑师将在巴黎卢浮宫前建造一个玻璃金字塔。

　　——通信：将有一个交流用的万维网，每家都有自己的电报机，每个孩子都通晓莫尔斯电码。家里没人时，自动代接装置将代收电报。

　　——国际政治：联合国国际联盟将保证所有国家都和平友好地相处。该国际团体的总部设在萨拉热窝。

5 互联网历险

我们杂志本身就是"不可思议研究"王国的珍宝。每隔一月，就有新的一期简讯问世。但是有些材料总是各种因为时效或者细节问题无法发表在杂志上，所以就发了简讯上。简讯是免费的电子版，你可以写邮件给我们，加入我们的发送名单。简讯每月发在互联网上，无数读者悄悄地热情地把它转给到朋友、同事和目瞪口呆的老板。1994年，我们的网站管理员、自称"地球村蠢材"、当时在麻省理工学院现在在斯坦福大学的戈林（Amy Gorin），建成了我们称为Hot AIR的网站（http//www.improbable.com）。这里是发在Hot AIR和许多简讯上的条目，其中不少被各种出版物、网上讨论组和其他地方广泛引用转载。

德语语法

上个月正式发布的杂志德语广告语"Luft，Luft nichts als Luft"（就吹吧您），引起了惊愕和争论。印刷错误，再加上引文出处的模糊，激怒或鼓动了许多读者，尤其是慕尼黑的 W 博士，他友好地给我们寄来了亲笔签名的 16 卷一套的德语语法教科书。谢谢他。

搞笑诺贝尔和平奖：后续调查

美国物理学会（APS）的帕克（Robert L.Park），对哈格林赢得本年度搞笑诺贝尔和平奖的工作进行了后续调查。帕克在他自己的《APS 简讯》周刊的"新闻"栏里发表了这份报告。部分内容如下：

因为召集 4000 名超然冥想家在华盛顿特区集体冥想以减少华府犯罪的实验，物理学家哈格林获得了 1994 年搞笑诺贝尔和平奖。无巧不成书，（就在搞笑诺贝尔奖授奖典礼当天）他正在举办发布会宣布他的最终研究结果。这是一个数据分析结果；他自豪地宣称，暴力犯罪降低了 18%！跟什么相比呢？跟与温度和经济变量有关的"时间序列分析"的预测相比。因此，虽然周凶杀案达到了有史以来的最高纪录，但仍比预测的要低。

情人节巧克力调查：第一阶段结果

有 1088 人参加了我们杂志的情人节巧克力调查第一阶段。我们感谢大家——尤其是那些善良的投票不止一次的人们。73.27% 的答卷人为男性；25.42% 为女性；1.03% 不能或不愿透露自己的性别；还有 0.28% 宣称既是男性又是女性。

偏好合计

62.34% 的人更喜爱黑巧克力，33.37% 的人更喜爱牛奶巧克力，1.03% 的人投给了白巧克力，1.78% 的人犹豫不决。此外，对淡火鸡、低度啤酒、黑啤、杏仁蛋白软糖和巧克力甘草糖分别有 1 人投票赞成。有 1 人更喜爱兔形白巧克力。2 个人投票赞成 X 级的巧克力品种。有两份答："赞成"。

我们还收到一首俳句诗。

有 1 人报告，他生于情人节。1 人说他乳糖不耐受，他认为牛奶巧克力是魔鬼的子孙。有 7 人指出，我们把性跟性别弄混了，还有 1 人提供了参考资料：马丁（Judith Martin）写的《千禧年之礼仪小姐手册》（Miss Manners' Guide for the turn of Nlillenium, 第 192 页）。1 人提出应该把年龄作为参考因素，有 2 人建议我们检查巧克力的性别，即有没有果仁在里面。

可能你们已经发现，我们后来把白巧克力纳入了调查范围。很多人都建议加上它，虽然有些人自己都没投票给白巧克力。另外，我们收到了下面的评论："白巧克力是白眉毛的白化病人都翻白眼的东西，我很高兴你们无视它。"

第一阶段调查的详细结果：

女性
64.34％的人喜爱黑巧克力
31.25％的人喜爱牛奶巧克力
01.10％的人喜爱白巧克力
01.84％的人赞成黑牛奶巧克力
00.64％的人犹豫不决或其他

男性
62.37％的人喜爱黑巧克力
34.31％的人喜爱牛奶巧克力
01.02％的人喜爱白巧克力
10.2％的人赞成黑奶油巧克力

00.64％的人犹豫不决或其他

同性恋者
66.67％的人赞成黑巧克力
33.33％的人选择牛奶巧克力

性别不明的人／其他人
9.09％的人分别赞成黑和牛奶巧克力
27.27％的人选择黑牛奶巧克力
54.44％的人犹豫不决或其他
这一研究结果的差方检验，就留给我们有才的读者吧。

保护克劳馥

我们必须捍卫知名研究人员辛迪·克劳馥的声誉。

最近，我们宣布了杂志新专栏"克劳馥的发现"的女主角，这一专栏报道了《时尚》《服饰与美容》《世界时装之苑》等研究杂志刊载的关于超模克劳馥（等人）的科学工作和成果。

第二天，我们就接到了《娱乐周刊》（*Entertainment Weekly*）的电邮，想要新样刊。我们及时把克劳馥近来的化学成果的专栏文传真给他们了。过了一天，他们的编辑就告诉我们，他们觉得克劳馥的科学成果没有"实质性"内容，不值得报道。

我们抗议。我们认为，克劳馥只是没有博士头衔，完全不至于没资格研究洗发水。只要读读她的"独家专利配方……添加了维生素原 B_5、丝蛋白和保湿硅酮"的报告，就可明白这一点。（克劳馥论文的全文见研究杂志《时尚》1995 年 1 月号第 11 页）

令人迷惑的食肉动物

多亏我们靠谱的校对体制，关于上个月简讯的那份奇特的"非洲食肉动物"一览表里的错误被更正了。数千名读者友好地写信来确保我们知道老虎通常生活在亚洲。不少人还指出，如研究者赫恩（K.Hearn）直截了当地指出，"通常不认为长颈鹿和羚羊是食肉动物，除非那种肉刚好是花瓣或草叶。"一位自称为"好莱坞艺术"的读者差不多吟诵起来："啊！那些可怕的自然类电影展示了胆小的长颈鹿在搜寻它的柳树食物——叶子！"

顶夸克巡展（1995年）

为祝贺和欢呼费米国家加速器实验室发现了最难以捉摸的亚原子粒子顶夸克的证据，我们杂志正向费米实验室索取顶夸克的全部资料，并准备公之于众，并举办一个走遍全球各大城市的巡回展。一旦我们解决了保存和固定标本的小小的技术问题，就会发布巡展日程。

Carning错误

在2月份简讯中，一个被称为"约翰·卡尔内"（John Carne）的人要求我们用他的正确名字"詹姆斯·卡尔内"（James Carne）称呼他。这位詹姆斯·卡尔内定居在阿姆斯特丹，可能是位男士（我们还不能完全肯定）。关于这个人的中名，或更确切地说，他是否有中名的问题，我们没有作出特别声明，也没有排除这位 J.（即"詹姆斯"）卡尔内有多个中名的可能性。请不要就此事写信给我们，或叫卡尔内的人，或任何阿姆斯特丹的居民，或任何识字的人。谢谢。

顶夸克巡展——再次关注

它们奇异，有魅力。我们的"顶夸克及伙伴"（费米实验室收藏品）世界范围的巡回展自始至终反响热烈。由于观众出乎意料的多，我们高兴地宣布降低了票价。想想顶夸克在你面前发生衰变（大部分情况下，在你坐下前就发生了），你会很激动的吧！每一个有入场券的观众都可收到尊敬的猫埃尔温（Erwin，薛定谔的猫）可能发也可能不发的可兑现 4000 万（！）自由电子的折扣券（啊，难就难在这儿）。一旦我们收到改了配方的甲醛等离子体，（制造厂向我们承诺）我们就能用它保存和固定标本了。然后我们就能马上宣布最新巡展日程。

一瘦就反弹的循环

我们极力推荐所有杂志读者参加两个讲座。[该信息公布于"牛津大学公报"（1995 年 4 月 27 日，125 卷 4361 期）感谢凯特·莫斯（Kate Morse）提供线索。]

伦敦皇后学院的戈尔迪（C. Goldie）教授将于 1995 年 6 月 13 日下午 3：30—4：00 在牛津大学谈"一瘦就反弹的循环"（Thin and fat-tailed perpetuities）的话题。接下来还安排杰卡（S. Jacka）博士谈有关"最优停止的类杜布不等式"（Doob-like inequalities Via optimal Stopping ）。

这是英格兰中部概率研讨会的一部分。欲知详情，请与肯尼迪（J. E. Kennedy）博士联系。

科学教育年刊
"剽窃想都别想"

热曼（Rebecca German）教授
俄亥俄州辛辛那提市辛辛那提大学生物系

注：此栏目隔一期一次，描绘有才智者的一生和教育家（以前叫做老师）们常有的离奇故事。

• •

名校（还有别的类型吗）通常要求学生完成写作作业，这是要锻炼"批判性思维"。遗憾的是，有几位学生交来的文章不同程度地反映了知识分子的不诚实。这些文章或完全雷同（作者名字除外），或以同样的语句重新排列。有两位学生，他们送来的文章惊人相似，他们对指责他们行骗的教授提起了申诉。申诉委员会的听证会上，证实了事实是一个学生写了篇文章，然后交给了另外一个学生。承认抄袭了朋友文章的那位，并不认为自己有什么错。她对委员会说，尽管两篇文章语句相同，但她不过是"大致浏览"了一下原件。当申诉委员会不相信她的陈述时，她被激怒了，站起来说"我仅须对两个人负责：就是我和仁慈的上帝。我们两人都知道我没有错。"有人听到一位教授低声咕哝道："他们中只有一人现在有机会证明无辜，真是太不像话！"

躁狂抑郁症流行

为促进公共卫生，我们请求人们帮助我们提高对躁狂抑郁症大流行的认识。该病正在迅速传播。最近，一位在美国大学任职的精神病学家首先让我们注意到这个问题。一位大学的足球明星最近因跟女朋友"激烈硬碰硬"而被暂停比赛。之后不久就恢复在球队中的位置了。归队后，一位大学精神病学家在国家电视台解释，该足球运动员的行为是由"流行性躁狂抑郁症"所引起的，这种病"正在折磨着我们杰出的运动员"。

就我们所知，这是说明躁狂抑郁症可能（只是可能）是接触传染的疾病的第一个公开的说法。我们奉劝你——尤其如果你是一位杰出的运动员的话——采取适当的措施预防这种疾病。

全体重组

"重组"一词是数年前由一所世界闻名的理工学院创造的。除了本身含义以外，这个词和"整顿"、"缩小"、"缩编"、"裁员"，或"淘汰大量人"都完全没关系。大家知道重组是很重要的：它为很多重要的咨询专家提供了财务和工作的保障。为了研究文章的准备和一切其他目的，可以把"重组"循环定义为：

"重组是指导高级管理人员对除自己以外的人进行重组的过程。"

再谈重组

我们上个月宣布了重组项目之后，有些咨询专家打了电话给我们（没人写电邮，因为他们想"私下聊聊"）。每个咨询专家都愿意提供"专业指导",并"有偿地"帮我们进行特殊的重组。有些咨询专家还说可以就我们可能需要的专业协助(不仅是"计划",还有"设计"),提供第二套服务。有三个顾问还能提供更多服务:"安排、实施和评估"一个为期六个月的小组讨论来"作出点决定"。

我们把给我们打过电话的所有咨询专家的电话和姓名收集起来,然后给他们互相推荐为需要重组的潜在客户。

地球村食品店调查

调查员迈勒斯(Alius J. Meilus)确定了一个必须处理的问题:

我注意到你们在刊头登了一个地球村蠢材名单。既然你们地球村有一个特定的蠢材,那我想,你们是不是也有个好的熟食店呢?毕竟,一个村子总有个熟食店的吧?

受迈勒斯的鼓舞,我们特宣布一项新的调查项目,地球村熟食店调查。调查问题是:

"在地球村的特定社区,哪里能找到好的熟食店?"

如果你有任何资料,请寄给我们。要是寄吃的,一定要保证新鲜啊。"地球村熟食店调查"现在依然是由我们杂志举办的公益项目。

搞笑诺贝尔经济学奖最新报道

共同获得 1995 年搞笑诺贝尔经济学奖的某人,得到了比大家想的还多的帮助呢。加利福尼亚橘子郡的前投资主管塞伦向一个占星术士和一个灵媒征询投资意见(见上周《洛杉矶时报》)。该郡最后损失了约 17 亿美元。如果不是有完善的指导，以塞伦这样的人，还远不可能有这么大额的损失。这就使我们……见下条——

免费通灵能力测试

据媒体报道，中央情报局和克格勃都在雇用灵媒，报酬还不错。

如果你很好奇自己有没有通灵能力，只要坐在僻静角落里，用意念把你的名字和地址发给杂志常驻超感官知觉（ESP）专家[Wojtek Bourbaki（bourbaki@neu.edu）]，如果 3 天内没有接到通知，那就说明你没有通灵能力。

以国家安全（各种国家，各种安全）和经济增长（不管什么方向）的名义，杂志现在提供无偿服务。

通灵勺事件

在上一期简讯中，我们为好奇的读者提供了免费的通灵能力测试。参与者被安排坐在僻静角落里，用意念发送他们的姓名和地址。唉，在英国和以色列的读者报告说出现了一大波弯曲的勺子，被意念干扰的警察也向我们投诉，所以我们只能结束这场测试了。我们目前正在打算展示超认知证据，来证明，不管弯曲的是什么，反正不是勺子。

PGP-Y

我们的通灵测试活动还衍生出了一种商业产品。我们的工程师开发了一种真正靠谱的数据安全规范，称为 PGP-Y——"超赞通灵学"（Pretty Good Parasychology）。其机制十分简单。你就想着你把数据传给了某人；这个人就想着他已经收到了。用 PGP-Y 的方法，可以在互联网上安全传播任何信息。诀窍在于，把数据在网上高高地传播——高到数据其实在网"上"，而不是在网"内"。数据是用心灵感应传输的（对于那些不信任电子货币的人，我们也有一个心灵遥感系统来传送现金和金子）。

情伤

为了大家好准备情人节晚餐，巴黎爱情研究所的坎泰利（Blanton Cantellier）博士发明了一种不用剥皮直接把朝鲜蓟的心切成均匀小片的办法。具体细节这次没刊发，但是我们保证，会继续跟进这个"伤心"的故事。

卡波克的奇特回归

文字，一旦被写下，就可不断重现。1993 年 5 月，我们的编辑在他供职的杂志里发表了下面一则文字：

"要不教，要不我走人"（Teach Or I'll Leave, 简称 TOIL）运动势头强劲。该运动是由卡波克（David Karpook）启发的，他是哈佛大学 20 世纪 70 年代的大学本科生，每当讲课的人不讲正经的，他就从物理 12 班走掉。近年来，这种想法已横扫北美大学校园，挺进欧州、中东和非洲。最近几个月，有几所日本理工大学的学生也沿袭了这个传统。

现在是 1996 年。"卡波克"的名字始终很有启发性，我们最近在网上搜索了发这个音的各种名字，最后发现了你刚刚读到的这段文字。可是这些文字不知怎么跑到《客观主义哲学指南》（*A Guide to the Philosophy of Objeetivism*）书里去了。

客观主义是由喜剧小说家兰德（Ayn Rand）提出的一种哲学。《客观主义哲学指南》的作者被确认为来自怀俄明州米尔福德的金（David King）先生。整本书都能在线阅读，见下面网址：

http://Infosys.home.vix.com/pub/objectivism/Writing/DavidKing/GuideToObjectivism /

有关卡波克的段落一字不差地出现在第 12 章，章名为"美国教育的惨状"。卡波克的故事被当做事实依据——金还把这个作为重要的支持证据提出。

这是一个离奇而动人的故事。卡波克的小故事最初发表时（1993 年），就清清楚楚地被列为"科学八卦——浓缩 100% 内幕新闻"。尊敬的编辑承认，他是捕风捉影编造的：确实有过（现在也有）一个卡波克，卡波克也确实在课讲得让人摸不着头脑的时候从物理 12 班走掉了，但遗憾的是，卡波克的行为根本没有引发任何群众运动。也许本来应该有的。

纯滥用：启动废柴项目

过去两周，我们收到雪片似的垃圾邮件，很多都来自用无法追踪的虚假邮箱的匪徒们。受诺贝尔奖得主霍夫曼垃圾邮件理论的鼓舞（见前），我们宣布成立废柴项目。

废柴项目是正在进行的能让垃圾邮件自己成为废柴的研究项目。欢迎你寄点能让电子害虫们自己废掉的简单方案，我们会把最好的那些技术发表并广而告之。

这里是废柴项目的几项原则：

1. 废柴项目旨在于减少乱七八糟的垃圾邮件的数目。

2. 废柴项目将采用现代柔道原理来以彼之道，还施彼身。

3. 废柴项目本身绝不搞这种垃圾邮件的把戏。

请把你的靠谱的废柴项目发至（bourbaki@neu.edu）。

无意义的程度：循环的恶作剧

实在（reality）到底是什么呢？因为对伪科学伪学术的哗众取宠和废话深恶痛绝，索卡尔（Alan Sokal）给一本"有声望的""文化研究"杂志投了一大堆故意废话连篇的文章。写得那是相当好，跟它要讽刺的文章如出一辙（但毫无联系）。《社会文本》（*Social Text*）杂志在1996年5月号发表了这篇奇特的蠢文。后来，身为纽约大学物理学家的索卡尔把整个骗局写成文发章表在《通用语》（*Lingua Franca*）杂志上。大众媒体都有报道过这个故事。

但这还不一定是全部真相。我们拿到了一本《社会文本》，并委托一个学者小组（其中一位是"重罪犯"）阅读和解构该文本。这个小组全体一致断定《社会文本》的其他文章都毫无意义，或许这本杂志本来就是恶作剧。所以自以为聪明地揭露了那些腐败的书呆子的索卡尔教授，其实呢，却被一伙比他更机灵的家伙捉弄了。

那么欢呼吧，向自称"文化研究学者"的一本正经搞恶作剧的老家伙们欢呼吧。最近他们发布的一些一本正经的声明，更是把这种老爹风格发扬光大。

注：几个月后，《社会文本》的编辑被授予1996年搞笑诺贝尔文学奖。索卡尔曾向我们致贺。

6 2000《不大可能的研究年报》计划

贝尔弗莱（Grigor Belfrey） 汇编

● ●

2000 年快到了 [1]，许多 [2] 科学、医学、工程、法律、教育、政府和商业组织正在倡议一个名字里含有"2000"的研究方案。从 1994 年始，全球各地的读者陆续给我们寄来了许多研究、项目和产品。我们每天都会收到 5~100 件各地来的物品。读者们说，看到有那么多人和组织觉得用这个魔术数字自己就变聪明了，他们真觉得恐怖，然后又莫名觉得很美妙。

有 4 件事启发了我们提出这个计划：

1. 英国的 2000 年教育规划；

2. 美国教育部的 2000 目标倡议；

3. 2000 抽水马桶清洁器；

4. 2000 利弗肥皂，据制造商说，它可用于清洗人体 2000 个部位 [3]。这是一个重要的科学发现：人体有整整 2000 个部位。

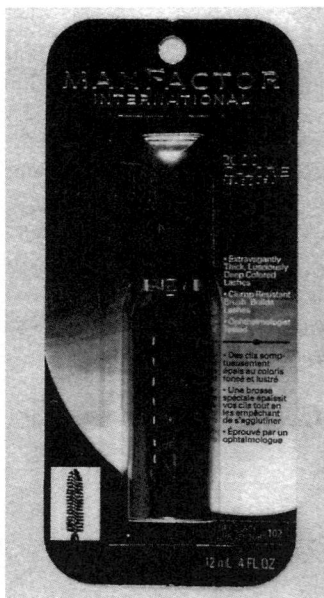

图1: 蜜丝佛陀2000浓密睫毛膏，这是 *AIR*2000收集计划的3628号项目。本样品由调查员克鲁兹（Deb Kreuze）提供。摄/卡斯威尔

《不大可能的研究年报》2000计划总是不断寻求更多项目。要是你要寄实物的话，那些已经用过的，或者我们已经收过的，就别寄了。

这里列出2000《不大可能的研究年报》计划中的一些样品。

9号项目 [由调查员韦勒（Steven Weller）提供]
Bassomatic 2000，一种捕鱼设备。

9221-K7号项目 [由调查员麦克维莱（Kenneth A. MeVearry）提供]
鲑鱼2000（Salmon 2000），由纽约奥内达加县提供的"捕鱼倡议"。

图2：BOB2000，帮你付款的储蓄卡。这是*AIR*2000收集计划的0394号项目。可以在南非约翰内斯堡第一国家银行取得，由威特沃斯特兰德大学语言学系的调查员墨菲（Lynne Murphy）提供。

5818 号项目 [由调查员霍尔克（Dudley A.Horque）提供]

科学 2000（SCIENCE 2000），由澳大利亚的科学用品供应协会和维多利亚葡萄酒中心共同组织的活动。

3280 号项目 [由调查员罗森伯格（Daniel Rosenberg）提供]

2000 钢臀（Buns of Steel 2000），一份训练视频。

32-01 号项目 [选自塞勒（Dennis Ceiler）收藏品]

格鲁玛 2000（Gluma 2000）：和牙本质复合树脂 Pekafil 一起用的牙科材料。

6402-AB-4 号项目 [由显然不知道姓什么的调查员艾丽森（Alison）提供]

欧洲大厅 2000（Europhalle 2000）：半年一次的奥地利 Urfahraner

集市中的某个摊位，提供啤酒、鸡肉及奥地利民间音乐。

50388 号项目 [由调查员孔茨（Robert Coontz）提供]

茶壶 2000（Teapot 2000），"由茶叶俱乐部特约，茶 2000 是享受茶之纯粹的新方法。茶壶 2000 外观典雅、功能强大，而且还有独特的设计让你随便用多少力都行……"

1085-86 号项目

末日 2000（Domesday 2000），包括英国土地的边界、所有权、价值、用途等细节的电脑数据网络。

LATX-0 号项目 [由调查员夏皮尔（Amos Shapir）提供]

避孕套 2000（Condomat 2000），以色列的避孕套售货机网络。

86-K 号项目 [由调查员卡尔格伦（Jussi Karlgren）提供]

棺材 2000（Kista 2000），当代设计，轻硬木镶边的白漆纤维板打造，附有棉布衬垫。瑞典阿斯托普的弗雷达尔斯（Fredahls）制造。

亚利桑那无臭大蒜 2000

- 百年老店清洁草药
- 有效缓解感冒、流感、过敏和鼻窦炎
- 有助于舒畅呼吸器官，清除黏液，缓解充血
- 有天然抗菌作用

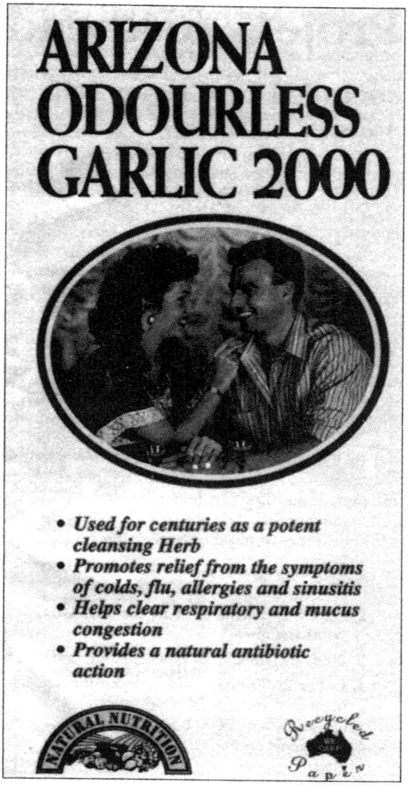
ARIZONA
ODOURLESS
GARLIC 2000
• Used for centuries as a potent cleansing Herb
• Promotes relief from the symptoms of colds, flu, allergies and sinusitis
• Helps clear respiratory and mucus congestion
• Provides a natural antibiotic action
NATURAL NUTRITION
Recycled Paper

图3：亚利桑那无臭大蒜2000，是AIR2000收集计划的21907号项目。由澳大利亚阿德莱德的调查员朱厄尔（Paul Jewell）提供。摄/德鲁

注释

[1] 逼近的速率大概是 1 年 / 年。

[2] 约 2000 项。

[3] 制造商原来的广告是这样说的，现在已经撤了，欢迎大家深入调查原因。

心中有主

卡斯威尔和德鲁

· ·

有意见认为宗教可以促进科学发展，或科学可以被纳入宗教，这触怒了很多人。我们将要论证，宗教和科学可以相辅相成。

过去十年，我们看到了科学和宗教可以惊人交互的证据；物理学家霍金的《时间简史》之所以成为畅销书，主要是因为最后一句话的鼓舞力量：

> 如果我们找到了这个问题的答案，这将是人类理智的终极胜利——因为那时我们就洞悉了上帝的意志。

物理学家莱德曼的书《上帝粒子》(*The God Particle*) 也毫不逊色。出版业许多人士认为，书虽然写得很好，但其实无关紧要——影响力其实来自书名。[我们听说，莱德曼本来想把书叫做《该死的粒子》(*The Goddam Particle*)，但后来屈从于出版商的美好希望。]

你现在看的这本书是关于科学的。这是本有趣的书，也许还有点重要。以我们现在对宇宙的有限了解，我们人类还不知道谁会读这本书呢。或许上帝会买一本，或者他的崇拜者们会买本送给他。那么重要的问题就是：上帝会喜欢这本书吗？如果我们找到了这个问题的答案，那将是人类理智的终极胜利——因为那时我们就洞悉了上帝的意志。

ISSN 1079-5146

记录华而不实的研究和人物的期刊

《不大可能的研究年报》

到处都能看到《不大可能的研究年报》，比如：《自然》、《科学》、《新科学家》、《科学美国人》、《纽约时报》、《华尔街日报》、《华盛顿邮报》、《泰晤士报》、《时代》（德）、《以色列国土报》，从 NPR、BBC、ABC 新闻、NBC 新闻、CNN、C-SPAN，以及网上。《连线》杂志说，"《不大可能的研究年报》是对西方文明的最杰出的贡献"。

那么——为了你自己内心的平静——请订阅吧！

杂志信息

《迷你 AIR》是《不大可能的研究年报》的免费电子月刊。如欲订阅，可发电邮至（LISTPROC@AIR.HARVARD.EDU）。

邮件可以这么写：

居里夫人订阅《迷你 *AIR*》（把居里夫人换成自己的名字。）

最近新闻和日程：info@improb.com 或 info@improbable.com

AIR 和搞笑诺贝尔奖网址：www.improb.com 或 www.improbable.com

Usenet 新闻组：clari.tw.columns.imprb_research

联系我们：

不管是纸质邮件还是电邮，我们都会读。但信件实在太多，无法一一作答。如果你想收到回邮的话，请附上贴好邮票、写好地址的回信信封，请把电邮地址（如果有的话）写到所有纸质邮件中。下面是我们的地址：

美国－马萨诸塞州－坎布里奇－380853 信箱

（617）491—4437 传真：（617）661—0927

http://www.improb.com

编辑部：marca@wilson.harvard.edu

订购部：air@improb.com 或 air@improbable.com

作者指南

除非已经附有贴好邮票写好地址的回邮信封，否则我们不会另行通知已收。

《不大可能的研究年报》发表不可思议研究的原始论文、资料、废稿和新闻。要求材料幽默或有教育意义。期望收到手稿、照片、X 光片、图样等，千万别寄生物标本；图片最好是黑白的。比较欢迎谦和的研究报告，投机取巧的就另议了。

文章请尽量写得短点，以 500—2000 字为宜，想投《迷你 AIR》，就得更短。请寄两份打印好的清样，或者通过电邮以 ASCII 格式提交。

附录二

《不大可能的研究年报》编委

* 诺贝尔奖得主
* * 世界上智商最高的人
* * * 重罪犯
* * * * 拼错了的
* * * * * 手足相争者

共同创始人

Marc Abrahams

Alexander Kohn

主编

Marc Abrahams

marca@wilson.harvard.edu

代理主编

Stanley Eigen, Northeastern
University

eigen@neu.edu

副主编

Mark Dionne

Kurzwil Educational
Systems

艺术总监

Lois Malone, Rich &
Famous Graphics

版式

Jo Rita Jordan,
Renaissance Person

生物材料学
Alan S. litsky，
Ohio State University

生物物理学
Leonard X. Finegold，
Drexel University

官僚主义
Miriam Bloom，
SciWrite
Jackson, MS

心脏病学
Thoman Michel，*****
Harvard Medical School

化学
Dudley Herschbach，*
Harvard University
William N. Lipscomb，*
Harvard University
Benjamin J. Luberoff，
Founding editor emeritus,
chemtech
Summit, NJ

计算机科学
Dennis J.Frailey，
Texas Instruments
Plano, TX
Robert T. Morris，***
Harvard University

计算机安全
Dr. Harold Joseph, Highland
Editor Emeritus, *Computers &*
Security
Elmont, NY

计算机软件
Heidi Roizen，
Apple Computer
Cupertino, CA

牙科学
Walter Kent，
Wyckoff, NJ
Joseph Marbach，
Columbia University

经济学
Hein Schreuder，

DSM
Heerlen, The Netherlands
Ernst W. Stromsdorfer,
Washington St. University

法医&动物学
Mark Benecke,
University of köln

功能生物学&形态学
Rebecca German,
University of Cincinnati

地理学
George H. Dury,
Bury St. Edmunds
Suffolk, England

地质学
Johh C. Holden,
Omak, WA
John Splettstoesser,
Rockland, ME

科学&医学史
Dr. Tim Healey,

Barnsley, Yorkshire, England

免疫学
Falk Fish,
Orgenics Ltd
Yavne, Isael

传染病学
James Michel, [*****]
Harvard Medicine University

智商
Marilyn Vos Savant, [**]
New York, NY

法律
Ranold A, May,
Little Rock, NY

图书馆和信息科学
Regina Reynolds,
Library of Congress,
Washington, DC
George Valas,
National Techmcal
Information Centre and

Library
Budapest, Hungary
Norman D. Stevens,
University of Connecticut

海洋地质学
Constance Sancetta,
Columbia University

材料科学
Robert M, Rose,
MIT

数学
Lee Segel,
Weizmann Institute

医学
Dr. Eberhard W. Lisse,
Swakopmund State Hospital
Namibia

方法论
Rod Levine,
National Institutes of Health
Stanley A. Rudin

St Mary's, OH

微生物学
Roland G. Vela,
University of North Texas

分子生物学
Walter Gilbert, *
Harvard University
Sir John Kendrew, *
Linton,Cambridge, England
Richard roberts, *
New England Biolabs
Beverly, MA

神经工程
Jerome Lettbvin,
MIT

神经科学
Thomas D. Sabin,
Boston City Hospital

眼科学
Pinar Aydin,
Hecethepe University

Ankara, Turkey

矫形外科
Glenn R. Johnson,
Bemidji, MN

古生物学
Earle Spamer,
Academy of Natural Sciences
Philadelphia, PA

寄生虫学
Wendy Cooper,
Australian National
University

儿科
Roland M. Mack,
Bowman Gray School of
Medicine
Robert E. Merrill,
Salado, TX

药理学
Stanton G. Kimmel,
Normal, OK

哲学
George Englebretson,
Bishop's University
Laval, Quebec

物理学
Jerome Friedman, [*]
MIT
Sheldon Glashow, [*]
Harvard University
Harry Lipkin
Weizman Institute
Mel Schwartz, [*]
Columbia University

政治学
Richard G. Neimi, [****]
Rochester, NY

精神病学&神经学
Robert Hoffman,
Peninsula Neurology
Daly City, CA

心理学
Louis G, Lippman,

Western Washington
University
Neil J. Salkind,
University of Kansas

肺医学
Dr.Traian Mihaescu,
Clinic of Pulmonary
Diseases
Iasi, Romania

放射学
David Rabin,
Highland Park Hospital
Highland Park, IL

科学与公共政策
Dan Greenberg,
Science and Government Report

Washington,DC

随机
（从用户里随机选出来的）
Shanti Rao
Caltech

外科
Douglas Lindsey,
University of Arizona

社会学
John Van Maanan, [****]
MIT Sloan School

泌尿学
Mark Sullivan,
Mission Vieji, CA

注：本书原版书写于上个世纪末。为不影响原意，书中《不大可能的研究年报》的相关信息未作更新。

该杂志目前的编辑人员、联系方式等均以网站 www.improbable.com 上信息为准。

后记

"搞笑诺贝尔奖" 和本书的前世今生

潘涛

2012 年 4 月 7 日，第一届"菠萝科学奖"正式在杭州诞生。这是中国人自己创设的趣味科学活动，它的发起人，是大名鼎鼎的科学松鼠会、果壳网"总舵主"姬十三。它能够落地杭州，乃是"姬总"跟浙江省科技馆馆长李瑞宏一拍即合的结果。

当天晚上的"科学狂欢夜"，我见到了 2005 年真正的诺奖得主巴里·马歇尔（Barry Marshall），还用手机同他合影留念。我告诉马歇尔教授，《病因何在——科学家如何解释疾病》这本书就主要叙述他得到诺贝尔奖的故事。除了真正诺奖得主的出席，颁奖晚会还有很多让人忍俊不禁的环节，技术和娱乐、技术和幽默的结合让人耳目一新，而且当时的场景也立刻被传上微博，与线上观众紧密互动。"很正经的哦""可好玩了"……菠萝科学奖为什么要如是宣称？有这样"搞"科普，乃至科学传播的吗？在当代中国，放在十年前，简直难以想象。

科学，是社会公器；科普，科学传播，是很严肃、认真的事体，怎么可以胡乱开玩笑？ 2012 年，北京时间 9 月 21 日晚，第 22 届搞笑诺贝尔奖在美国哈佛大学桑德斯剧院如期上演。9 月 24 日，第二届"菠萝科学奖"（2013）的"巡回路演"，已然在浙江大学启动。

如今，这类报道，是《人民日报海外版》、新华社、CCTV 等官方的主渠道媒体竞相及时报道的。菠萝奖的评选、颁奖成为舆论焦点，是以正面和被欣赏的角色。可见，时代是在进步的，读者、公众是有鉴别力、幽默感的。

"路演"的策划人王丫米告诉我，受我当年引进"搞笑诺贝尔奖"图书的启发，果壳网决定创建有中国特色的"菠萝科学奖"。果壳阅读的编辑们告知我，果壳网已买下 The Best of Annals of Improbable Research 一书再版的版权，并计划同其他两本搞笑诺贝尔奖创始人的书一起，做一套向中国读者全面介绍搞笑诺贝尔奖的丛书。正好借此机会，我把过去始终没能有机会讲的故事讲一把。从中，读者也许能够管中窥豹，见识一下"另类科普"的观念演变乃至"搞法"的历史。之所以堆砌一些史料，是相信将来一定会有有心人利用其为线索，进行搞笑诺奖的研究。

20 年前的 1993 年，我还在江西医学院物理教研室任教。偶然注意到《读者》第 9 期摘登了一篇短文，题为"美国的'可耻诺贝尔奖'"，即刻引起我的关注。

该文开篇即言："诺贝尔奖声名赫赫，能获得它是一种殊荣。但美国去年却出现了一种'可耻诺贝尔奖'，与之相映成趣，1992 年10 月，由美国麻省理工学院博物馆和《不可再现成果杂志》(一种嘲讽研究论文的幽默杂志)联合举办了第一届'可耻诺贝尔奖'评选颁奖仪式，授'奖'的原则是：获奖者的'创造发明'都无法再现，而他们却靠这些不能再现的'成就'窃取荣誉。"该文的理解和表述，显然不尽确切，如今回视，可商榷之处甚多。其实，后来看到 The Best of Annals of Improbable Research 一书，方知文中的 1992年，实为"1991 年"之误，那可是第一届搞笑诺奖。把"诺贝尔奖"

冠以"可耻"，确实够抓人眼球、相映成趣的。该文的结尾："当然，你可以想象，没有一位获奖者会欣然接受这项'特殊荣誉'。"此言差矣，假如作者知悉此奖并非像他"想象"那么"可耻"，就不会凭想象下此断言了。"摘取可耻诺贝尔文学奖'桂冠'的则是大名鼎鼎的埃里奇·冯·丹尼肯，他在《众神的战车》等书中，凿凿地为读者描述了一幅外星宇航员史前曾多次造访地球的科学神话，列举了世界各地大量'耸人听闻'的'事实'，曾一时引起轰动，而实际上大多毫无根据。"如此这般这位获奖者的"事迹"，倒是让我基本明白了，似乎设奖者、颁奖者有更深的用意。

第二届搞笑奖的线索，从 1993 年第 5 期《科学美国人》中文版（译自 Scientific American, Vol. 268, No. 1, Jan., 1993）第 65 页找到，题为"最差诺贝尔奖"。瞧瞧，"最差"是第二种译法。英文原文题为"Booby Prizes"。可惜，中译文没有全文照译，删去了开篇、结尾两段精彩部分。原文还有一幅插图"WEIRD SCIENCE prevails at the Ig Nobels"，中译文也未用。文中说，每年 10 月举行的"最差诺贝尔奖"颁奖仪式，已经成了科学界讽刺低水平的和粗俗的科学研究的一种新的传统活动。原文"in bad taste and indifferent science"，恐怕不是"低水平""粗俗"二词能够简单概括的吧。"今年举行的是第二届授奖仪式，由 Marc Abrahams 主持。"这位主持，就是《不大可能的研究年报》的主编马克·亚伯拉罕斯。最差诺贝尔文学奖，授予莫斯科有机化合物研究所的 Yuri Struchkov，这位"多产"的研究人员在 1981 到 1990 年期间发表了 948 篇科学论文——平均每 3.9 天发表一篇。简直难以置信，"高产的"科研人员的论文，也可以获得文学奖，评奖者可谓别具慧眼？

紧接着，又非偶然注意到，同年 10 月 17 日的《参考消息》，刊登"你方唱罢我登场 天涯何处不设奖"一文，开篇即言："麻省理工学院的科学家们，利用世人垂涎的诺贝尔奖英文字的谐音，搞了个'伊格诺贝尔奖'，英文原意是'丢人现眼奖'。"不得不承认，《参考消息》的译者着实了得，翻译文字非常传神，"搞"字极具中国文化特质，"丢人现眼"可谓既吸引眼球，又引人好奇。"伊格"乃是音译，我后来给《青年周末》的介绍文章转译为"贻格"，取"贻笑大方""格格笑"双重含义。"他们今天把'丢人现眼和平奖'授与菲律宾百事可乐公司。因为该公司发起一次百万元大奖赛，但宣布中奖号码时搞错了，结果导致80万人中奖，在该国历史上第一次使许多交战的派别走到一起来了。"简直匪夷所思。

"1993年(第三届)'丢人现眼奖'的'文学奖'奖给E.托波尔和另外972名著作者，他们联合发表一项医学研究文件，著作者的人数竟为文件页数的十倍。"好玩。其实，"文件"应该译为"论文"。医学奖奖给詹姆斯·F.诺兰等三人，他们煞费苦心地搞出一份题为《拉链夹住阴茎后的紧急处理》的研究报告。该文最后指出："丢人现眼奖是由麻省理工学院《不可再现的结果》杂志发起主办的，该奖授予那些'其成就不能或不应该重复的'人。"此结语，基本到位。不过，获奖作品似乎不能简单归为"丢人现眼"。他们可是十分认真地搞科学研究。后来，此文先后被《海内与海外》1994年第3期、《读者》1994年第8期转载。

最为令人惊奇的是，我根据颁奖时间，竟然在大名鼎鼎的头号科学刊物《自然》(Nature) 1993年10月14日第365卷第599页的"新闻"栏目里，找到了相关报道，题为"Ig Nobel prizes reward fruits of unique labour"，作者是Steve Nadis。其中，颁奖晚会的主持人，除了马克·亚伯拉罕斯，还有1979年诺贝尔物理学奖得主格拉肖、1976年诺贝尔化学奖得主利普斯科姆。在1993年10月22

日的《科学》（*Science*）杂志第 509 页 Ivan Amato 主编的"Random Samples"栏目，也找到了一篇报道，题为"Ig Nobels: Not the Real McCoys"。作者把第三届搞笑诺奖称为"a satric version of the traditional awards"——"传统诺贝尔奖的讽刺版"。全球科学界最看重的两份顶级科学期刊，每年都愿意辟出宝贵的版面，刊登获奖消息和评论，这是怎么回事？假如这个"跟风者""冒牌货"真的那么荒诞不经，《自然》会糊涂到把它们当做"科学"事件？

《科学美国人》英文版 1994 年 12 月号第 17—18 页，作者 Steve Mirsky 以"The Annual Ig Nobel Prizes"为题进行了报道，副题是"This year's winners are, well, just as pathetic as last year's"。在中文版第 63 页，副题译为"本年度的获奖者和去年的一样悲惨"。李光耀，新加坡前总理，最差诺贝尔生理学奖得主。因为他对负强化作用（effects of negative reinforcement）进行了 30 年研究，也就是说，"每当新加坡市民随地吐痰、嚼口香糖或是喂鸽子时"，他们就会受到惩罚。这里，译者误把"心理学"看成了"生理学"。获得同年度的文学奖的作品，被译成《智力学》，这实在有点搞笑，实为曾经风靡一时的《戴尼提》。

不过，科学界的看门人、别动队 CSICOP 的期刊《怀疑的探索者》（*Skeptical Inquirer*）1995 年 1、2 月号第 7—8 页的报道（作者为科学作家 Eugene Emery, Jr. ），以"Ig Nobel Awards Go to the Most Deserving"为题，重点介绍哈伯德获得文学奖，且指出获奖者未能出席颁奖仪式的原因有二：哈伯德死了；这毕竟是 Ig Nobels。结束语则是，*JIR* 的编者发现，*JIR* 没有什么幽默感，所以不辞而别，另外创办了 *AIR*（定性为"a journal of offbeat pseudoscientific studies"）。*JIR* 是《不可再现成果杂志》的简称，*AIR* 是《不大可能的研究年报》的简称。

1995 年初，我终于与 *AIR* 的主编马克先生取得了联系，他给我寄来一些宣传品。其中，有 1994 年搞笑诺贝尔奖各位得主的"获奖成果"。马克先生给我的信，还不忘附上两篇报道的复印件——1994 年 6 月 9 日《自然》周刊的报道"'Irreproducible' team clones a rival"和同年 6 月 24 日《科学》杂志的报道"Mutiny on the Joke Journal"。*JIR* 是最老的讽刺科学杂志，马克如何自立门户，创办 *AIR*？*AIR* 的定位为何是"The journal of record for inflated research and personalities"？宣传品上都有讲述。

我发现，马克先生的幽默感，还体现在双关语、俏皮话等文字游戏中。这一定是继承了美国魔术师、科普作家、幽默大师马丁·加德纳（Martin Gardner）的衣钵。因为，在《笑什么笑，我们搞的是科学》一书"特别致谢"的结尾，他已经交代正是加德纳"把我引向不可再现性（irreproducibility）和不可思议性（improbability）道路"。马克的信，祝辞也是别具心裁 sincerely and improbably (but not irreproducibly)。是啊，假如搞科学的、传销科学的，都那么无趣、乏味、沉闷、严肃、紧张，科学怎么让人欢喜、让人爱呢？

第五届，《科学美国人》1995 年 12 月号英文版第 13—16 页，Steve Mirsky 以"You May Already Be a Wiener: The Ig Nobel Prizes surprise again"进行了报道。中译文标题"最差诺贝尔奖再度使人感到意外"，只是译出了原文的副标题。刘义思译，郭凯声校。颁奖仪式于 10 月 6 日在哈佛大学举行，5 位真正的诺贝尔奖得主躬逢其盛。不过，中文版第 66 页，在"其他 Ig 得主是……"的专栏里，省略了因拳打脚踢的议会功夫而获本年度"和平奖"得主。不过，这回，中文版虽然没有把画家莫奈（Monet）跟马奈（Manet）都译出，却照刊了英文原文的照片，则是一个进步。

第六届，《科学美国人》1996 年 12 月号英文版第 22 页，以"The

Victors Go Despoiled"的报道，开篇是："Fool me once, shame on you; fool me twice, shame on me."获奖者们，被简称为 Igs。《科学新闻》（*Science News*）周刊 1996 年 12 月 7 日第 354 页，则刊登了《不大可能的研究年报》的征订广告。其广告语除了"The journal of record for inflated research and personalities"，还有"Genuine and concocted research from the world's most and least distinguished scientists and science writers"。当然，还有 *AIR* 的网址和联系方式。其时，我虽然在北京大学读博，还仍是一如既往关注搞笑诺奖的进展。

1998 年 7 月，我加盟上海科技教育出版社，开始张罗"哲人石丛书"。整套书，大体上是硬科学，不便搞笑，否则会不和谐，尽管一不留神塞进了一本《我思故我笑——哲学的幽默一面》。于是，借用"风清扬"名义，另搞一套"八面风文丛"，其中，不乏另辟蹊径、搞点引进另类科普的尝试。

1999 年 12 月 20 日《科学时报》发表北京大学哲学系刘华杰的文章"学术冒泡与伊格诺贝尔奖"。其时，我一直为 *AIR* 的译法苦恼，百思不得佳译。有一天，忽然顿悟，索性就叫《泡沫》。伊格诺贝尔奖，广大的中国读者自然不容易搞懂，干脆把它命名为搞笑诺贝尔奖，岂不相对容易穿帮。

终于，《泡沫——"搞笑诺贝尔奖"面面观》于 2001 年 11 月出版，我的两个顿悟"啊哈效应"的成果，都体现在书名里，其实，英文版的原意只是《*AIR* 精粹》。书问世了，似乎应者寥寥，知音难觅。2002 年 3 月 7 日《中国图书商报》发表了江晓原的书评《泡沫也是物质》。他认为，关于 *AIR* 和"搞笑诺贝尔奖"，由于此前在国内的媒体上几乎从无介绍，目前《泡沫》这本书成为国内公众了解这方面情况的主要来源（所以说它"填补空白"）。结语是：

这些在我们这里显然不会被容忍（至少现在还是如此）的活动，在美国却进行了多年，而且似乎成了一点小小气候，原因在哪里呢？我想主要在文化的差别上。毫无疑问，这些搞笑活动绝大部分是完全"无用"的，按照我们现今的主流标准，这些活动既没有"经济效益"，也没有"社会效益"，充其量，也就是有可能使公众觉得科学不一定那么神圣遥远，高不可攀，或许因此容易和科学亲近一点？

如果我们试图从积极的方面来考虑这些活动，最主要的一点，应该可以从中看到，西方文化中源远流长的对"无用"之物的欣赏传统，在 *AIR* 和"搞笑诺贝尔奖"活动中再次得到了体现。哪怕当下毫无用处，哪怕属于搞笑胡闹，只要是人类的智力活动，就能由衷表示欣赏，还能从中看出幽默，这对于中国人来说至今仍是很难做到的。要说本书的引进有何积极意义，我看首先可以从这个角度去考虑。

2004 年 9 月 16 日《文汇报》发表刘华杰的书评《搞笑版"诺贝尔奖"》。他开篇指出：

在诺贝尔奖问世百年前后，出版这本闻名遐迩的科学幽默杂志、美国《不可思议研究年刊》（英文缩写为 AIR，中文可译作"冒泡"）的精选本，让人看到科学的另一幅令人惊奇的样子，它幽默的一面，还听到这样的天方夜谭：自 1991 年开始由该杂志颁布"搞笑诺贝尔奖"，该奖每年由诺贝尔奖得主亲自颁发，向那些取得"不可或不应再现"的研究成果的人颁奖，每年这个时候，各种各样的科学家汇聚一堂，妙语横生，从一种别出心裁的角度打量自己的科学研究。在这里，似乎真的如他们所说，我们听到了"一种不同凡响"的笑声。

身在北京大学科学传播中心，他自然免不了三句话回归本行：

> 科学传播要传播什么？要传播作为文化的科学，既要关注轰轰烈烈的科学革命，也要关注科学的日常行为；既要向公众传达科学及科学家圣洁与理性的一面，也要时常提起其中一些并非圣洁也并非理性的诸多事件。科学的真实形象一定由某种张力状态构成，如果担心嘲讽或者仅仅是幽默就能摧毁自誉为"理性"与"强力"的代表——科学——的话，这种自誉一定是有水分的。"搞笑诺贝尔奖"每年受到科学家兴致勃勃的关注，也是由于该奖并不是致力于对科学的嘲讽，不是要突出坏科学而是"颂扬科学，表明科学家确实享受到工作的乐趣，表明科学确实是生气勃勃、富于人情味和惊人离奇的事业——而非提炼什么古怪想法的可怕之事。"

2006年10月22日，《科技日报》发表尹传红的科学随想。他觉得：

> 亚伯拉罕斯还有一种观点，他说他要表彰那种伟大的困惑不解。因为大多数人一生中都有所成就，或者至少做成过某种事情，然而，他们却从未被授予过任何可让人感到春风得意的奖项。"这就是我们为什么要颁发'搞笑诺贝尔奖'的缘故"。

纸质媒体，对搞笑诺贝尔奖的关注，比较有深度的讨论，仅此而已。那么，新兴的网络媒体，又如何呢？

2005 年 3 月，刘兵、刘华杰、黄集伟做客新浪网，就谈及搞笑诺贝尔奖和《泡沫》。2008 年 1 月，"何许人"在心门网发帖子：

> 亚伯拉罕斯一帮人创办的搞笑诺贝尔奖影响为什么这么大？一个重要的原因就在于他们拥有自己的一个宣传阵地，即 *AIR*。*AIR* 的全名是《不大可能的研究年报》（*Annals of Improbable Research*），这是一本记录"华而不实的研究和人物"的刊物。它的影响力非常之大，以至于《自然》、《科学》、《纽约时报》、《时代》以及 BBC、ABC、CNN 等诸多媒体都对其特别照顾。《联线》杂志说："*AIR* 是西方文明一个最杰出的贡献。"

直至 2011 年，*AIR* 中文版出版 10 年后，本人愚钝至此才第三次顿悟：姬十三博士，不啻是搞笑诺贝尔奖在中国最大的知音。由于他带领松鼠会、果壳网，如今在网络世界里，关于搞笑诺贝尔奖，已经铺天盖地。如今，关于搞笑诺奖的文章，已经有多篇入选《语文》辅导读物，且有论文发表在专业期刊上。

2012 年，菠萝科学奖横空出世；在果壳网的主持下，*AIR* 重新校订出版，以飨各位读者。

2012 年 10 月于上海

图书在版编目（CIP）数据

　　别客气，请随意使用科学／（美）亚伯拉罕斯著；
徐俊培译.—杭州：浙江大学出版社，2013.2
　　书名原文：The best of annals of improbable
research
　　ISBN 978-7-308-11141-6

　　Ⅰ.①别… Ⅱ.①亚… ②徐… Ⅲ.①科学知识－普
及读物 Ⅳ.①Z228

　　中国版本图书馆CIP数据核字（2013）025187号

别客气，请随意使用科学

[美] 马克·亚伯拉罕斯 著　徐俊培 译　果壳 校订

策　　划　果壳阅读
营销编辑　李嘉慧
责任编辑　杨苏晓
装帧设计　MissSolo
出版发行　浙江大学出版社
　　　　　（杭州天目山路148号　邮政编码310007）
　　　　　（网址：http://www.zjupress.com）
排　　版　北京百川东汇文化传播有限公司
印　　刷　北京中科印刷有限公司
开　　本　880mm×1230mm　1/32
印　　张　11.75
字　　数　301千
版 印 次　2013年6月第1版　2016年8月第3次印刷
书　　号　ISBN 978-7-308-11141-6
定　　价　36.00元